JULIE SCHWOB

YES WE COOK

PHOTOS : LOUIS-LAURENT GRANDADAM

MANGO

LE TEX-MEX

LES ÉTATS DU SOLEIL : FLORIDE ET CALIFORNIE

LA CUISINE DES GRANDS ESPACES : MONTANA ET NEVADA

LA CUISINE DE FÊTE : HALLOWEEN, THANKSGIVING ET NOËL

C'est en dégustant un délicieux bouillon de petits légumes,
poulet et coriandre réalisé par ma belle-mère Lydia Boudreau
(elle habite à Bedford en Pennsylvanie)
que j'ai eu l'idée de ce livre.
Je lui dédie cet ouvrage.

Vous pensiez que les Américains étaient abonnés à la *junk food*, incapables de manger autre chose que des *super-size hamburgers* ? Eh non ! Il existe bel et bien une cuisine traditionnelle américaine, goûteuse et créative, faite de bons petits plats transmis de génération en génération. Car *yes, they cook !* Oui, ils cuisinent !

Cette cuisine américaine est chaleureuse, familiale, inventive.

C'est un véritable voyage au cœur de l'Amérique multiple, positive qui nous fait rêver aujourd'hui. Un merveilleux melting-pot d'ingrédients, de saveurs, de couleurs, d'épices, de savoir-faire venant d'Amérique, d'Europe, d'Afrique...

À travers les 50 recettes de ce livre, vous vous promènerez sur la côte est, avec ses plats de poissons et ses recettes amishs, en Louisiane avec sa cuisine cajun, dans les grands espaces du Middlewest avec les recettes navajos, et vous découvrirez la *soul food* des États du Sud.

Bon appétit ! Enjoy !

JULIE SCHWOB

Le premier plaisir en arrivant aux États-Unis est de déguster un vrai petit-déjeuner américain. Souvent généreux, il ressemble à un véritable déjeuner, composé traditionnellement d'œufs au plat et de lard grillé, parfois de pommes de terre sautées, saucisses, tomates, champignons, de gaufres ou pancakes. Il est d'ordinaire servi chaud avec des litres de café ! Inspiré de l'*english breakfast* du XVIIIe siècle, il se différencie du *continental breakfast* qui se compose en général d'une boisson chaude ou froide et de pain ou brioches.

L'AMERICAN BREAKFAST

Le classique petit-déjeuner associe sucré et salé. Il s'agit principalement d'œufs, de lard et de saucisse grillée. Les œufs sont généralement servis avec des toasts grillés. Ils peuvent également être accompagnés de pommes sautées, de poivrons ou de maïs.

EGGS, BACON AND SAUSAGE

SUNNY-SIDE UP

Pour 4 personnes
Préparation : 3 minutes
Cuisson : 10 minutes

4 œufs frais
25 g de beurre
Sel, poivre

★ Faites frire les œufs au plat à la poêle dans le beurre frétillant.
★ Salez, poivrez et servez en conservant le jaune bien visible, non éclaté, comme la face du soleil.

SUNNY-SIDE DOWN

Les ingrédients et la façon de cuire sont identiques. En revanche, avant de servir retournez l'œuf pour dissimuler la face soleil.

SCRAMBLED EGGS

Pour 4 personnes
Préparation : 5 minutes
Cuisson : 5 minutes

4 œufs frais
15 cl de crème liquide
Quelques brins de ciboulette
50 g de beurre
Sel, poivre

★ Battez ensemble les œufs et la crème. Ajoutez la ciboulette ciselée. Salez et poivrez.
★ Faites cuire le mélange à la poêle dans le beurre mousseux 4 à 5 minutes en remuant constamment avec une cuillère en bois pour que les œufs se brouillent bien.

OMELETTE

Pour 4 personnes
Préparation : 3 minutes
Cuisson : 5 minutes

4 œufs frais
10 cl de lait
50 g de beurre
Sel, poivre
Garniture (facultative) : herbes ciselées, champignons émincés, dés de tomates…

★ Battez ensemble les œufs et le lait. Ajoutez éventuellement les herbes ciselées, les dés de tomates ou les champignons préalablement revenus à la poêle. Salez et poivrez.
★ Faites cuire l'omelette à la poêle dans le beurre frémissant sans remuer. Couvrez quelques instants : la vapeur va vous aider à bien cuire les œufs mais aussi à décoller l'omelette de la poêle.

L'origine de la recette des œufs Benedict est controversée. La plus vraisemblable est rapportée par le *New York Magazine* en 1942.

Le créateur de la recette serait Lemuel Benedict, un « broker » de Wall Street à la retraite et fortuné, qui prenait la plupart de ses repas dans les palaces de Big Apple. Un matin de 1892, pour se remettre de ses excès de la veille, il exigea du maître d'hôtel du *Waldorf Astoria* un petit-déjeuner bien consistant : des toasts grillés et beurrés, des œufs pochés, du lard grillé et une touche de sauce hollandaise. Le maître d'hôtel, impressionné par la saveur de la recette, décida de l'adapter en remplaçant les toasts par de moelleux English muffins et le lard par du bacon grillé. C'est ainsi que la recette des œufs Benedict se retrouva sur la carte du *Waldorf* aussi bien au petit-déjeuner qu'au déjeuner.

ŒUFS BENEDICT

POUR 4 PERSONNES
PRÉPARATION : 10 MINUTES
CUISSON : 6 MINUTES

2 PAINS DE TYPE « ENGLISH MUFFINS »
COUPÉS DANS L'ÉPAISSEUR
(OU 2 PETITS PAINS VIENNOIS RONDS)
4 ŒUFS ULTRA-FRAIS
4 TRANCHES ÉPAISSES DE BACON
50 CL DE SAUCE HOLLANDAISE TOUTE PRÊTE
(EN GRANDES SURFACES)
1 BOUQUET DE CIBOULETTE FRAÎCHE
1 CUILLERÉE À CAFÉ DE VINAIGRE BLANC
50 G DE BEURRE DOUX

★ Faites chauffer 50 cl d'eau dans une grande casserole avec le vinaigre blanc. Lorsque l'eau commence à frémir, cassez 1 œuf délicatement dans une cuillère et laissez-le doucement glisser dans l'eau. Faites de même avec les autres œufs. Laissez-les pocher 6 minutes en ramenant doucement le blanc sur le jaune avec une cuillère. Retirez les œufs pochés de l'eau avec une écumoire et réservez-les au chaud.

★ Réchauffez la sauce hollandaise dans une casserole ou au micro-ondes.

★ Dans une poêle sans matière grasse, faites griller les tranches de bacon. Réservez-les au chaud et faites dorer à la place les petits pains de chaque côté.

★ Dans chaque assiette, placez un demi-petit pain. Tartinez-le de beurre, puis ajoutez 1 tranche de bacon grillé et 1 œuf poché. Arrosez de sauce hollandaise. Ciselez quelques brins de ciboulette sur chaque œuf.

QUELQUES VARIANTES SAVOUREUSES ET ORIGINALES :

Les fruits de mer Benedict : remplacez le bacon par des crevettes grillées ou de fines lamelles de noix de Saint-Jacques juste snackées.

Les gaufres Benedict : remplacez les English muffins par des gaufres. D'ordinaire, il est bon de rajouter par-dessus un peu de sirop d'érable en plus de la sauce hollandaise !

Les œufs Chesapeake : remplacez le bacon par un « crab cake » (voir recette p. 60).

Les œufs à la florentine : remplacez le bacon par des épinards hachés, et la sauce hollandaise par une sauce Mornay.

Les œufs reine Victoria : remplacez le bacon par 1 tranche de saumon fumé.

Les pancakes sont les crêpes à l'américaine. Étymologiquement, il s'agit de gâteaux (*cakes*) cuits dans une poêle (*pan*). Ils se dégustent d'ordinaire au petit-déjeuner, arrosés de sirop d'érable ou de beurre fondu, voire de beurre de cacahuètes.

On les prépare très officiellement lors du « Shrove day » ou « Pancake day », le Mardi gras américain. À cette occasion, de nombreuses kermesses ont lieu où se déroulent les fameuses courses de pancakes : les candidats doivent faire sauter des pancakes, en courant et sans les faire tomber !

PANCAKES AUX MYRTILLES

POUR 6 À 8 PANCAKES
PRÉPARATION : 10 MINUTES
CUISSON : 20 MINUTES

100 G DE MYRTILLES
3 ŒUFS
175 G DE FARINE
1 SACHET DE LEVURE CHIMIQUE
2 CUILLERÉES À SOUPE DE SUCRE SEMOULE
1 PINCÉE DE CANNELLE EN POUDRE
20 CL DE LAIT
50 G DE BEURRE
3 CUILLERÉES À SOUPE D'HUILE NEUTRE
1 CUILLERÉE À CAFÉ DE SEL

★ Battez les œufs en omelette. Versez le lait et ajoutez le sucre.
★ Dans un saladier, tamisez ensemble la farine, la levure chimique, la cannelle et le sel. Formez un puits et versez les œufs en omelette et l'huile. Mélangez le tout puis ajoutez les myrtilles entières.
★ Faites chauffer une noix de beurre dans une grande poêle. Quand il frémit, versez 2 à 3 petites louches de pâte et faites cuire 3 à 4 minutes jusqu'à ce que des bulles se forment à la surface. Retournez les pancakes à l'aide d'une spatule et laissez dorer 1 à 2 minutes.
★ Réalisez ainsi les autres pancakes.
★ Dégustez avec du sirop d'érable.

VARIANTE : PANCAKES DU VERMONT AUX FLOCONS D'AVOINE ET AUX POMMES

Une version délicieuse et plus « nature » qui utilise les ingrédients des paysages du Vermont.

1 POMME PELÉE ET RÂPÉE FINEMENT
2 ŒUFS
100 G DE FLOCONS D'AVOINE
80 G DE FARINE
1 SACHET DE LEVURE CHIMIQUE
1 PINCÉE DE MUSCADE RÂPÉE
1 PINCÉE DE CANNELLE EN POUDRE
25 CL DE LAIT

★ Procédez de façon identique à la préparation précédente en mélangeant ensemble tous les ingrédients secs, puis ajoutez les œufs battus avec le lait.
★ Incorporez la pomme râpée.
★ Faites cuire les pancakes comme ci-dessus et dégustez-les avec de la gelée de groseille ou de cranberry.

Incontournable du petit-déjeuner sain à l'américaine, il associe des fruits de saison à un liquide – lait, jus d'orange ou glaçons. D'ordinaire, il ne contient ni crème ni glace, ce qui le différencie du milk-shake.

Inspiré des boissons brésiliennes, le smoothie américain a vu le jour sur la côte ouest en Californie dans les années 1930. Il a connu un boom dans les années 1960, grâce à l'arrivée de la cuisine macrobiotique et des hippies qui privilégiaient une alimentation végétarienne. Après avoir surfé sur la vague des salles de sports durant les années 1980, le smoothie est toujours aujourd'hui l'un des classiques du petit-déjeuner.

SMOOTHIE

Pour réaliser un smoothie, il suffit de mixer ensemble tous les ingrédients puis de répartir dans de grands verres. À déguster bien frais.

POUR 2 PERSONNES
PRÉPARATION : 5 MINUTES ENVIRON

SMOOTHIE DE PRINTEMPS

150 G DE FRAISES ÉQUEUTÉES
100 G DE FRAMBOISES
1 BANANE PELÉE ET COUPÉE EN RONDELLES
10 CL DE JUS D'ORANGE

SMOOTHIE D'AUTOMNE

1 POMME PELÉE ET COUPÉE EN PETITS DÉS
2 POIRES PELÉES ET COUPÉES EN PETITS DÉS
10 CL DE JUS DE CRANBERRY
2 TRAITS DE SIROP D'ÉRABLE

SMOOTHIE D'ÉTÉ

1 QUARTIER DE PASTÈQUE PELÉE, ÉPÉPINÉE
ET COUPÉE EN DÉS
3 OU 4 GOUTTES DE TABASCO®

SMOOTHIE D'HIVER

1 BANANE PELÉE ET COUPÉE EN RONDELLES
1 PAMPLEMOUSSE DE FLORIDE PELÉ À VIF,
EN QUARTIERS
1 MANGUE BIEN MÛRE PELÉE ET COUPÉE
EN PETITS DÉS
10 CL DE JUS D'ORANGE
1 PINCÉE DE CANNELLE

Sauce ketchup, sauce barbecue, pickles, c'est le goût de l'Amérique ! On les adore mais on leur reproche parfois leur goût trop sucré, trop salé... Voilà un bon moyen de faire vos sauces « maison » en adaptant les recettes selon vos goûts. Vous pourrez les préparer à l'avance et les conserver plusieurs semaines au réfrigérateur.

LES SAUCES AMÉRICAINES FAITES « MAISON »

★

La sauce américaine par excellence, que l'on retrouve désormais partout dans le monde, en version classique, pimentée, allégée... Aussi appelée « catsup » ou « catchup », elle serait à l'origine une variante d'une sauce chinoise pimentée à base de légumes : le *fet-siap*.

La marque Heinz® a commercialisé sa première bouteille de ketchup en 1876 en Pennsylvanie. Voici la version « homemade », moins sucrée, et sans additifs !

KETCHUP MAISON

POUR 75 CL DE KETCHUP
PRÉPARATION : 15 MINUTES
CUISSON : 40 MINUTES

1 KG DE TOMATES FRAÎCHES
(OU 1 GRANDE BOÎTE DE TOMATES PELÉES)
1 OIGNON BLANC ÉMINCÉ FINEMENT
4 GOUSSES D'AIL PELÉES ET ÉMINCÉES FINEMENT
1 PINCÉE DE PIMENT D'ESPELETTE
½ CUILLERÉE À CAFÉ DE PAPRIKA
1 PINCÉE DE CANNELLE EN POUDRE
1 PINCÉE DE MÉLANGE CINQ-ÉPICES
1 CUILLERÉE À SOUPE DE CONCENTRÉ DE TOMATES
100 G DE CASSONADE
2 CUILLERÉES À SOUPE D'HUILE DE COLZA
12 CL DE VINAIGRE DE CIDRE

★ Ébouillantez puis mondez les tomates fraîches. Mixez-les en fine purée.

★ Dans une casserole, faites revenir l'oignon et l'ail avec l'huile jusqu'à ce qu'ils soient bien blonds. Salez, poivrez et ajoutez toutes les épices. Faites chauffer le mélange en remuant pendant 1 minute. Incorporez la purée de tomates, le concentré, la cassonade et le vinaigre. Faites réduire à feu doux pendant 30 minutes.

★ Mixez à nouveau la préparation finement, puis laissez refroidir pour développer le goût. Conservez ce ketchup dans une bouteille.

★ Vous pouvez conserver ce ketchup au frais pendant 1 mois. Ajoutez quelques gouttes de Tabasco® si vous l'aimez relevé.

VARIANTE : BANANA KETCHUP

Une variante plus douce du ketchup américain, utilisée à Hawaii, dans certains pays d'Amérique centrale et surtout aux Philippines.

POUR 75 CL DE BANANA KETCHUP
PRÉPARATION : 15 MINUTES
CUISSON : 1 HEURE

4 GROSSES BANANES TRÈS MÛRES, PELÉES
ET COUPÉES EN RONDELLES
1 OIGNON BLANC DOUX
2 GOUSSES D'AIL PELÉES
100 G DE RAISINS SECS MOELLEUX
1 CUILLERÉE À SOUPE DE CONCENTRÉ DE TOMATES
100 G DE CASSONADE
½ CUILLERÉE À CAFÉ DE PIMENT D'ESPELETTE
1 CUILLERÉE À SOUPE DE SIROP D'ÉRABLE
1 CUILLERÉE À CAFÉ DE CANNELLE EN POUDRE
1 CUILLERÉE À CAFÉ DE MUSCADE EN POUDRE
20 CL DE VINAIGRE DE CIDRE
1 CUILLERÉE À CAFÉ DE SEL
30 CL D'EAU

★ Mixez en fine purée les bananes, les raisins, l'oignon et les gousses d'ail avec le vinaigre. Versez la purée dans une casserole puis ajoutez l'eau, le concentré de tomates, la cassonade, le sel, le piment d'Espelette et le sirop d'érable. Mélangez le tout, portez à petits bouillons et faites cuire à feu doux pendant 1 heure.

★ En fin de cuisson, ajoutez la cannelle et la muscade. Laissez refroidir.

★ Dégustez ce ketchup avec du poulet grillé ou des crevettes sautées.

La BBQ sauce est la sauce reine aux États-Unis. Mélange sucré-salé, elle est la star des BBQ du week-end. Pour le 4 Juillet (fête nationale aux États-Unis), il est de tradition de se réunir en famille lors du BBQ annuel, dans le jardin familial ou pour un pique-nique dans les parcs nationaux. Au programme des réjouissances : travers de porc, saumon, « quarter pound T-bone »... Tous les beaux morceaux à griller peuvent être agrémentés de BBQ sauce. Voici une recette maison que vous pourrez conserver au réfrigérateur pour vos barbecues d'été.

BBQ SAUCE MAISON BARBECUE SAUCE

POUR 40 CL DE BBQ SAUCE
PRÉPARATION : 15 MINUTES
CUISSON : 1 HEURE

1 OIGNON
1 GOUSSE D'AIL
20 CL DE KETCHUP MAISON
50 G DE SAUCE WORCESTERSHIRE
100 G DE CASSONADE
100 G DE MIEL
3 CUILLERÉES À SOUPE DE PAPRIKA
1 CUILLERÉE À CAFÉ RASE DE PIMENT
DE CAYENNE EN POUDRE
1 CUILLERÉE À SOUPE D'HUILE D'OLIVE
SEL, POIVRE

★ Pelez et émincez finement l'oignon et l'ail. Faites-les revenir dans l'huile d'olive. Lorsqu'ils sont bien fondants, ajoutez le reste des ingrédients et laissez cuire à feu doux pendant 1 heure en remuant de temps en temps.

★ Laissez refroidir la sauce et conservez-la dans une bouteille au réfrigérateur.

QUELQUES VARIANTES DE BBQ SAUCE ORIGINALES :

Texas BBQ sauce : ajoutez aux autres ingrédients 20 cl de bière américaine (bien secouée au préalable pour la débarrasser de ses bulles).

BBQ sauce du Vermont : remplacez le miel et la moitié de la cassonade par l'équivalent de sirop d'érable.

BBQ sauce aigre-douce : ajoutez aux autres ingrédients 10 cl de vinaigre de cidre et 10 cl de jus de pomme ainsi que 1 cuillerée à soupe de moutarde forte.

BBQ sauce au gingembre : dans une casserole, mélangez 12 cl de coulis de tomates, 5 cl de sauce tomate, 5 cl de sauce soja et 5 cl de vinaigre de vin blanc. Ajoutez 1 cuillerée à soupe de cassonade, 1 cuillerée à soupe d'ail pressé et 1 cuillerée à café des ingrédients suivants : sauce Worcestershire, gingembre en poudre, poivre noir moulu, sel de céleri, moutarde forte. Mélangez le tout et faites cuire à petits bouillons pendant 15 minutes en remuant de temps en temps.

Incontournables de la cuisine américaine, les pickles de concombre sont un peu comme les cornichons en France. Ils se servent avec les grillades, les hamburgers, les hot-dogs et parfois aussi en accompagnement de salades. Il s'agit principalement de gros cornichons ou petits concombres – traditionnellement des concombres de la variété Kirby – que l'on fait macérer dans le vinaigre. Vous trouverez des concombres Kirby en été, pleine saison des concombres ; sinon, remplacez-les par des petits concombres de jardin récoltés assez jeunes.

PICKLES DE CONCOMBRE

Pour 1 bocal de 300 g de pickles
Préparation : 20 minutes
Cuisson : 10 minutes
Repos : 4 heures

200 g de fines tranches de concombre
Kirby avec la peau
50 g d'oignon blanc ciselé
1 cuillerée à café de Maïzena®
(diluée dans 1 cuillerée à café d'eau tiède)
30 g de sucre semoule
12 cl de vinaigre blanc
1 pincée de sel
(+ un peu pour faire dégorger)

★ Placez les tranches de concombre et l'oignon dans une passoire, mélangez et saupoudrez de sel. Faites-les dégorger pendant 2 heures en remuant régulièrement.

★ Dans une grande casserole, faites chauffer le vinaigre, le sucre et 1 pincée de sel. Remuez le tout jusqu'à ce que le sucre soit dissous puis portez à ébullition et faites réduire pendant 4 à 5 minutes. Ajoutez le concombre et l'oignon dégorgés, et laissez cuire à feu doux 2 minutes. Incorporez la Maïzena® diluée et continuez la cuisson 1 à 2 minutes. Laissez refroidir complètement pendant 2 heures avant de mettre en bocal.

★ Vous pouvez conserver les pickles au réfrigérateur pendant plusieurs semaines.

PICKLES RELISH POUR HOT-DOGS

Une fois les pickles refroidis, égouttez-les puis hachez-les grossièrement au couteau. Déposez 1 cuillerée de pickles hachés sur chaque face des petits pains à hot-dog.

Quand on est une *sweet tooth* (littéralement, une dent sucrée), les gourmandises et desserts de la cuisine américaine nous font littéralement fondre de plaisir... Aujourd'hui à la mode en Europe, les cupcakes, brownies et doughnuts, recettes traditionnelles américaines, envahissent les pâtisseries et salons de thé français. Faites ces gourmandises vous-même, vous les trouverez encore meilleures !

GOURMANDISES POUR LES SWEET TEETH

Le premier cookie au chocolat fut créé en 1937 par Ruth Grave, gérante du *Toll House*, un restaurant dans le Massachusetts. Elle fut la première à hacher grossièrement du chocolat dans ses cookies ; au lieu de fondre, cela leur apporta un côté croustillant.

En 1939, lors de l'émission radio *Famous Foods from Famous Eating Place*, la présentatrice fit l'éloge des cookies de Ruth. Et c'est ainsi qu'elle fut approchée par la société Nestlé pour céder sa recette de cookies.

CHOCOLATE CHIPS COOKIES
COOKIES AUX PÉPITES DE CHOCOLAT

POUR 30 COOKIES
PRÉPARATION : 15 MINUTES
REPOS : 30 MINUTES
CUISSON : 10 À 12 MINUTES

200 G DE FARINE TAMISÉE
½ SACHET DE LEVURE CHIMIQUE
100 G DE CHOCOLAT NOIR HACHÉ GROSSIÈREMENT
OU EN PÉPITES
1 ŒUF
50 G DE SUCRE SEMOULE
80 G DE CASSONADE
½ CUILLERÉE À CAFÉ DE VANILLE LIQUIDE
100 G DE BEURRE POMMADE
½ CUILLERÉE À CAFÉ DE SEL

★ Dans un saladier, fouettez le beurre pommade, le sucre semoule, la cassonade et le sel en un mélange mousseux. Ajoutez l'œuf et la vanille, et mélangez à nouveau.

★ Tamisez ensemble la farine et la levure. Versez dans le saladier et mélangez bien. Ajoutez délicatement le chocolat. Placez la pâte 30 minutes au frais.

★ Préchauffez le four à 160 °C (th. 5-6).

★ Prélevez des petites boules de pâte et aplatissez-les sur la plaque à pâtisserie recouverte de papier cuisson. Enfournez et faites cuire 10 à 12 minutes.

VARIANTE : COOKIES AU BEURRE DE CACAHUÈTES

200 G DE FARINE TAMISÉE
50 G DE CACAHUÈTES MONDÉES NON SALÉES
1 ŒUF
50 G DE SUCRE SEMOULE
80 G DE CASSONADE
½ CUILLERÉE À CAFÉ DE VANILLE LIQUIDE
50 G DE BEURRE POMMADE
50 G DE BEURRE DE CACAHUÈTES
1 CUILLERÉE À CAFÉ DE SEL

★ Mélangez le beurre pommade et le beurre de cacahuètes puis procédez de façon identique à la recette ci-dessus en ajoutant les cacahuètes hachées grossièrement à la place du chocolat.

Les doughnuts (ou donuts) sont des beignets en forme d'anneau que l'on retrouve dans l'histoire européenne de la pâtisserie : les colons ont, en effet, emporté avec eux leurs recettes aux États-Unis. Dès lors, les doughnuts sont devenus un classique de la cuisine américaine. Leur succès est tel que certaines marques ne fabriquent et vendent que des doughnuts : Krispy-Kreme® sur la côte est, Dunkin Donuts®, Tim Hortons®...

Les doughnuts ont envahi le monde grâce au dessin animé *The Simpsons*, Homer se nourrissant exclusivement de ces beignets. Depuis, des lobbies de gourmands essaient d'instituer le « Doughnut day » (le jour du doughnut), où seul ce beignet serait dégusté, mais pour l'instant sans véritable succès !

DOUGHNUTS
AU SUCRE GLACE ET AU CHOCOLAT

POUR 6 DOUGHNUTS
PRÉPARATION : 20 MINUTES
REPOS : 1 HEURE
CUISSON : 5 MINUTES ENVIRON

220 G DE FARINE
12 G DE LEVURE DE BOULANGER
30 G DE SUCRE SEMOULE
150 G DE SUCRE GLACE
50 G DE CHOCOLAT NOIR À PÂTISSER
1 ŒUF
40 G DE BEURRE RAMOLLI
½ CUILLERÉE À CAFÉ DE JUS DE CITRON
10 CL DE LAIT
½ CUILLERÉE À CAFÉ DE SEL
1 CUILLERÉE À CAFÉ DE BLANC D'ŒUF
QUELQUES GOUTTES DE COLORANT ALIMENTAIRE
(FACULTATIF)
HUILE POUR FRITURE

1 EMPORTE-PIÈCE DE 2,5 CM DE DIAMÈTRE

★ Versez la farine dans un saladier. Faites un puits et mettez le sucre d'un côté puis le sel de l'autre. Au milieu ajoutez l'œuf battu, le lait et la levure. Incorporez petit à petit la farine aux ingrédients puis pétrissez bien la pâte pendant 5 minutes jusqu'à ce que l'ensemble soit homogène. Ajoutez le beurre coupé en dés et pétrissez à nouveau. Laissez la pâte recouverte d'un linge reposer 20 minutes à température ambiante.

★ Partagez la pâte en 6 morceaux et formez des boules. Aplatissez-les au rouleau à pâtisserie pour obtenir des galettes de 8 cm de diamètre environ et de 1,5 cm d'épaisseur. Laissez-les gonfler à nouveau 30 minutes sous un linge à température ambiante.

★ À l'aide de l'emporte-pièce, découpez un cercle de pâte au milieu des galettes pour obtenir des anneaux.

★ Plongez les doughnuts dans l'huile de friture bien chaude (150 °C environ) et faites-les cuire 2 à 3 minutes de chaque côté. Égouttez-les à l'aide d'une écumoire et laissez-les refroidir sur du papier absorbant.

•••

DOUGHNUTS AU SUCRE GLACE ET AU CHOCOLAT

●●●

★ Dans un bol assez large mélangez le sucre glace avec
le blanc d'œuf, le jus de citron et éventuellement
quelques gouttes de colorant alimentaire : la texture
du glaçage ne doit pas être trop liquide (si ce n'est
pas le cas, ajoutez un peu de sucre glace ; s'il vous
semble trop compact, ajoutez quelques gouttes de jus
de citron). Badigeonnez le sommet des doughnuts de
glaçage blanc.
★ Faites fondre le chocolat au bain-marie ou au micro-
ondes. Confectionnez un cornet en papier ou utilisez
une poche à douille fine pour réaliser des rayures
de chocolat. Laissez sécher quelques minutes avant
de déguster.

VARIANTE : DOUGHNUTS HOLES
À LA CONFITURE DE FRAISES

100 G DE « TROUS » DE PÂTE À DOUGHNUTS
50 G DE CONFITURE DE FRAISES
30 G DE SUCRE GLACE

★ Conservez les « trous » de pâte à doughnuts (cf.
recette ci-dessus). Faites-les cuire rapidement dans
l'huile de friture bien chaude puis égouttez-les sur un
papier absorbant.
★ À l'aide d'une seringue en plastique, fourrez-les de
confiture de fraises. Saupoudrez-les de sucre glace
et dégustez avec un café. Déliiiciieux !

À l'origine, les cupcakes étaient cuits dans des petits pots ou des petites tasses à thé, d'où leur nom. Depuis, les fabricants ont réalisé des moules à cupcakes spécifiques dans lesquels on place des papiers de cuisson, souvent décorés pour les grandes occasions, et que l'on garnit de pâte à gâteau.

La pâte à cupcakes est classique, de type génoise ou quatre-quarts, nature ou au chocolat. En revanche, ce qui est spectaculaire dans le cupcake, c'est son glaçage : souvent de toutes les couleurs, parsemé de billes en sucre ou autres décorations. Il se doit d'être « féerique ». C'est aussi la raison pour laquelle les cupcakes sont parfois appelés *fairy-cakes*. La tendance du moment est de réaliser des cupcakes à l'effigie du nouveau président américain. Pas facile, mais que ne feraient pas les pâtissiers américains !

CUPCAKES GLACÉS AU CREAM-CHEESE

POUR 9 CUPCAKES
PRÉPARATION : 20 MINUTES
CUISSON : 10 MINUTES

180 G DE FARINE
½ SACHET DE LEVURE CHIMIQUE
90 G DE SUCRE SEMOULE
30 G DE SUCRE GLACE
400 G DE CREAM-CHEESE
(OU DE FROMAGE FRAIS TYPE ST MÔRET)
3 ŒUFS
3 CUILLERÉES À SOUPE DE LAIT
20 CL DE CRÈME LIQUIDE TRÈS FROIDE
1 CUILLERÉE À CAFÉ D'EXTRAIT DE VANILLE
LIQUIDE
100 G DE BEURRE FONDU
½ CUILLERÉE À CAFÉ DE SEL
COLORANT ALIMENTAIRE (FACULTATIF)
PERLES DE SUCRE COLORÉ OU DÉCORATIONS
ALIMENTAIRES

9 PETITS MOULES EN PAPIER COLORÉ

★ Préchauffez le four à 200 °C (th. 6-7).
★ Tamisez ensemble la farine et la levure.
★ Dans un saladier, battez les œufs avec le sucre semoule en un mélange mousseux. Ajoutez le lait, le sel et l'extrait de vanille. Mélangez puis versez la farine en pluie. Mélangez à nouveau et incorporez le beurre fondu froid.
★ Placez 1 cupcake en papier dans chaque moule. Versez-y la pâte aux deux tiers. Enfournez et faites cuire 10 minutes (vérifiez la cuisson avec la pointe d'un couteau). Retirez les cupcakes des moules et laissez refroidir sur une grille.
★ Fouettez la crème liquide en chantilly au batteur électrique. Lorsqu'elle commence à épaissir, ajoutez petit à petit le sucre glace.

★ Dans un saladier, fouettez également le cream-cheese au batteur. Lorsqu'il est bien moelleux, incorporez la crème chantilly à l'aide d'une maryse (ajoutez éventuellement quelques gouttes de colorant alimentaire et fouettez à nouveau pour rendre la couleur bien homogène).
★ À l'aide d'une poche à douille cannelée décorez vos cupcakes de crème.
★ Parsemez le dessus de quelques perles de sucre coloré.
★ Réservez les cupcakes au frais si vous ne les dégustez pas tout de suite.

VARIANTE : CUPCAKES AU CHOCOLAT

150 G DE FARINE
½ SACHET DE LEVURE CHIMIQUE
150 G DE SUCRE SEMOULE
40 G DE POUDRE DE CACAO
3 ŒUFS
½ CUILLERÉE À CAFÉ DE SEL
6 CUILLERÉES À SOUPE DE LAIT
30 G DE SUCRE GLACE
100 G DE CHOCOLAT NOIR
150 G DE CREAM-CHEESE
20 CL DE CRÈME LIQUIDE

★ Tamisez ensemble la farine, la levure et la poudre de cacao puis procédez de façon identique à la recette ci-dessus. Faites cuire au four pareillement.
★ Pour la crème, faites fondre le chocolat au bain-marie. Laissez-le refroidir avant de le mélanger au batteur avec le cream-cheese. À l'aide d'une maryse, ajoutez délicatement la crème fouettée en chantilly avec le sucre glace. Parsemez de perles de sucre coloré.

Les premières carottes furent importées aux États-Unis par les colons européens, et les premières plantations furent cultivées dans le Massachusetts en 1609.

Le carrot cake, dont la recette originale est anglaise, a connu un fort essor lors de la Seconde Guerre mondiale, en raison du rationnement du sucre. La recette fut reprise abondamment aux États-Unis et c'est en 1960 que l'on voit apparaître les premiers carrot cakes sur les cartes des restaurants. C'est aujourd'hui un classique américain.

À la différence des carrot cakes anglais, aux États-Unis ils sont recouverts de glaçage et savamment décorés de carottes en pâte d'amandes.

CARROT CAKE GÂTEAU À LA CAROTTE

POUR 6 PERSONNES
PRÉPARATION : 25 MINUTES
CUISSON : 55 MINUTES

200 G DE CAROTTES RÂPÉES GROSSIÈREMENT
150 G DE NOIX HACHÉES GROSSIÈREMENT
175 G DE FARINE
1 SACHET DE LEVURE CHIMIQUE
340 G DE SUCRE SEMOULE
1 CUILLERÉE À SOUPE DE SUCRE GLACE
100 G DE PHILADELPHIA CREAM-CHEESE
(OU DE ST MÔRET)
3 ŒUFS
½ CUILLERÉE À CAFÉ DE MUSCADE EN POUDRE
1 CUILLERÉE À CAFÉ DE CANNELLE EN POUDRE
½ CUILLERÉE À CAFÉ DE SEL
10 CL D'HUILE NEUTRE
PÂTE D'AMANDES VERTE ET ORANGE

★ Préchauffez le four à 180 °C (th. 6).
★ Tamisez ensemble la farine, la levure, le sel et les épices.
★ Dans un saladier, fouettez les œufs et le sucre en un mélange mousseux. Ajoutez 2 cuillerées à soupe d'eau chaude et l'huile. Incorporez petit à petit le mélange à base de farine, puis les carottes et les noix.
★ Versez la préparation dans un moule beurré. Enfournez et faites cuire 55 minutes (le gâteau doit être bien sec). Laissez refroidir sur une grille.
★ Fouettez énergiquement le cream-cheese avec le sucre glace. Nappez-en le carrot cake lorsqu'il est bien froid.
★ Modelez la pâte d'amandes en forme de carottes et placez 1 carotte de pâte d'amandes sur chaque part. Dégustez bien frais.

VARIANTE : APPLE-CARROT CAKE

Remplacez la moitié des carottes par l'équivalent de pommes râpées grossièrement et, si vous le souhaitez, la moitié des noix par des noisettes hachées, qui se marient bien avec les pommes.

Le brownie semble avoir été créé lors de la Foire internationale de Chicago en 1893. À cette époque, Bertha Palmer, épouse d'un fameux hôtelier et chef cuisinier de la ville, demanda à son mari d'imaginer une recette de gâteau compact, goûteux, que l'on puisse facilement couper et transporter afin de ne rien louper des attractions de la foire. C'est ainsi que naquit le brownie.

Ce gâteau est habituellement confectionné avec du chocolat noir et des noix, noix de pécan ou noisettes.

BROWNIE

POUR 8 PERSONNES
PRÉPARATION : 20 MINUTES
CUISSON : 25 MINUTES

100 G DE FARINE
180 G DE SUCRE SEMOULE
225 G DE CHOCOLAT NOIR
4 ŒUFS
75 G DE NOIX HACHÉES
150 G DE BEURRE POMMADE

★ Préchauffez le four à 180 °C (th. 6).
★ Dans un saladier, fouettez le beurre et le sucre jusqu'à ce que le mélange blanchisse. Ajoutez les œufs battus.
★ Faites fondre le chocolat au bain-marie ou au micro-ondes. Incorporez-le à la préparation précédente. Ajoutez la farine puis les noix hachées.
★ Versez le tout dans un moule beurré et fariné. Enfournez et laissez cuire 25 minutes : la surface doit être dure mais le cœur encore moelleux.

VARIANTE : LE BLONDIE

140 G DE FARINE
½ SACHET DE LEVURE CHIMIQUE
220 G DE SUCRE BLOND
1 GROS ŒUF OU 2 PETITS
70 G DE NOIX HACHÉES
1 CUILLERÉE À SOUPE D'EXTRAIT DE VANILLE LIQUIDE
120 G DE BEURRE POMMADE
1 GROSSE PINCÉE DE SEL

★ Procédez comme ci-dessus en ajoutant la vanille en même temps que les œufs battus. Incorporez ensuite la farine et la levure tamisées, ainsi que les noix hachées et la pincée de sel.
★ Faites cuire comme le brownie.

Le muffin aux myrtilles est une gourmandise typique des États-Unis, car les myrtilles (ou plus exactement les « bleuets ») sont une des très rares espèces de fruits originaires du Nouveau Continent. Lorsque les colons sont arrivés, ils découvrirent que les Indiens natifs américains utilisaient les myrtilles sauvages dans la plupart de leurs repas : en purée, dans des recettes de pain au maïs ou en assaisonnement de viande. Aujourd'hui, l'État du Maine produit 25 % des myrtilles vendues dans le monde.

BLUEBERRY MUFFINS MUFFINS À LA MYRTILLE

POUR 8 MUFFINS
PRÉPARATION : 20 MINUTES
CUISSON : 25 À 30 MINUTES

125 G DE FARINE
1 SACHET DE LEVURE CHIMIQUE
120 G DE SUCRE SEMOULE
100 G DE SUCRE GLACE
1 ŒUF
10 CL DE LAIT
125 G DE MYRTILLES FRAÎCHES OU SURGELÉES
LE ZESTE ET LE JUS DE ½ CITRON
70 G DE BEURRE RAMOLLI COUPÉ EN PETITS DÉS
½ CUILLERÉE À CAFÉ DE SEL

★ Préchauffez le four à 180 °C (th. 6).
★ Dans un saladier, tamisez la farine, le sucre semoule, la levure et le sel. Ajoutez les dés de beurre en travaillant le mélange du bout des doigts. Formez un puits, versez au centre l'œuf battu puis le lait. Mélangez délicatement le tout puis ajoutez le zeste de citron et les myrtilles.
★ Remplissez les moules à muffins jusqu'aux deux tiers. Enfournez et faites cuire 25 à 30 minutes. Laissez refroidir sur une grille avant de démouler.
★ Mélangez le sucre glace avec le jus de citron. Versez un peu de glaçage sur les muffins froids et laissez sécher.

VARIANTE : MUFFINS AUX POMMES ET STREUSEL TOP

★ Remplacez les myrtilles par le même volume de pommes pelées et coupées en petits dés. Ajoutez 1 cuillerée à café de cannelle en poudre à la farine.
★ Avant d'enfourner les muffins, préparez un crumble avec 20 g de beurre ramolli, 1 cuillerée à café de cannelle en poudre, 30 g de farine et 30 g de cassonade. Parsemez les muffins de ce streusel et faites cuire 25 à 30 minutes.

Il existe une cuisine urbaine, rapide, que l'on découvre lorsqu'on passe la porte d'un *Deli's* à New York. Ces petits « bistrots » du coin de la rue proposent un bagel, une soupe, un *todays' special* (le plat du jour) ou une salade à déguster sur le pouce.

Autre institution à New York où s'attardent les *yuppies* à l'heure du déjeuner : les vendeurs ambulants avec leurs chariots métalliques, qui vous proposent de dévorer un pretzel, un hot-dog ou une glace. Ces mêmes *yuppies* se retrouveront dans les bars « hype » de Big Apple pour savourer ces cocktails historiques que sont le « Long Island ice tea » ou le « Manhattan ».

NEW YORK, L'URBAN FOOD ET LES COCKTAILS

★

Le pretzel new-yorkais est une variante américaine du « bretzel » que l'on peut trouver dans le sud de l'Allemagne et en Suisse. Les migrants européens ont importé la recette avec eux.

C'est un « snack » incontournable des rues new-yorkaises (plus de 5 000 vendeurs de pretzels). D'ordinaire vendu salé au gros sel, il se déguste badigeonné de moutarde douce ou de ketchup. Mais on le trouve parfois sucré et chocolaté, particulièrement durant la période des fêtes de fin d'année.

PRETZELS

POUR 3 OU 4 PRETZELS
PRÉPARATION : 15 MINUTES
CUISSON : 20 MINUTES

500 G DE FARINE
1 SACHET DE LEVURE BOULANGÈRE DÉSHYDRATÉE
(EN GRANDES SURFACES)
15 CL DE LAIT
50 G DE BEURRE RAMOLLI COUPÉ EN DÉS
2 CUILLERÉES À CAFÉ DE SEL FIN
2 CUILLERÉES À SOUPE DE GROS SEL

POUR LE BAIN DE CUISSON :
1 LITRE D'EAU
2 CUILLERÉES À CAFÉ DE SEL FIN
40 G DE BICARBONATE DE SOUDE

VARIANTE : PRETZELS SUCRÉS NAPPÉS DE CHOCOLAT

★ Ajoutez 50 g de sucre semoule en même temps que la farine dans le saladier et parsemez les pretzels de sucre en grains à la place du gros sel.

★ Faites fondre 150 g de chocolat noir au bain-marie. Hors du feu, plongez la moitié du pretzel cuit et refroidi dans le chocolat fondu. Laissez sécher les pretzels au chocolat sur une grille.

★ Dans un bol, délayez la levure avec 1 cuillerée à soupe de lait tiède.

★ Tamisez la farine et le sel fin dans un cul-de-poule. Formez un puits et versez au centre la levure délayée, le reste de lait et 15 cl d'eau. Mélangez petit à petit l'ensemble des ingrédients et pétrissez 2 à 3 minutes pour obtenir une pâte homogène. Incorporez les dés de beurre.

★ Divisez la pâte en 3 ou 4 parts. Avec chacune, formez un long boudin. Repliez celui-ci en faisant un nœud dans la forme traditionnelle du pretzel.

★ Préchauffez le four à 200 °C (th. 6-7).

★ Faites bouillir l'eau dans une casserole avec le sel et le bicarbonate. Plongez chaque pretzel dans l'eau bouillante jusqu'à ce qu'il remonte à la surface. Sortez-le avec une écumoire et déposez-le sur une plaque de cuisson graissée.

★ Parsemez les pretzels de plusieurs pincées de gros sel. Enfournez et faites cuire 20 minutes environ.

Depuis 1870, à Coney Island, on vend des petits pains aux saucisses. Le terme « hot-dog » est apparu à la fin du XIXᵉ siècle pour décrire le fameux petit sandwich déjà star à New York, et ce, après avoir soupçonné les fabricants de saucisses de mettre de la viande de chien dans leurs recettes !

Les hot-dogs sont consommés partout aux États-Unis, généralement assaisonnés de moutarde ou de pickles, mais aussi de sauce chili dans les États du Sud.

Le plus grand fan de hot-dogs est sans doute Joey Chestnut, qui réalisa l'exploit d'en engloutir 66 en 12 minutes lors d'un concours lancé en 2007 par *Nathan's*, véritable institution à Coney Island. C'est chez *Nathan's* que l'on trouve la version traditionnelle du hot-dog New York, accompagné de choucroute et de moutarde.

HOT-DOGS MAISON

POUR 6 PETITS PAINS À HOT-DOGS
PRÉPARATION : 30 MINUTES
REPOS : 2 H 30
CUISSON : 20 MINUTES

250 G DE FARINE
10 G DE LEVURE BOULANGÈRE FRAÎCHE OU
½ SACHET DE LEVURE BOULANGÈRE DÉSHYDRATÉE
(EN GRANDES SURFACES)
25 G DE SUCRE SEMOULE
2 ŒUFS BATTUS
2 CUILLERÉES À SOUPE DE LAIT
100 G DE BEURRE RAMOLLI COUPÉ EN DÉS
1 CUILLERÉE À SOUPE DE SÉSAME BLANC OU NOIR
½ CUILLERÉE À CAFÉ DE SEL
1 ŒUF POUR LA DORURE

★ Dans un bol, délayez la levure avec le lait tiède.
★ Dans une jatte, tamisez la farine, le sucre et le sel. Formez un puits et déposez au centre les œufs battus puis la levure délayée. Pétrissez bien pour obtenir une pâte homogène.
★ Incorporez les dés de beurre. Formez une boule de pâte et farinez-la légèrement. Laissez-la lever à température ambiante pendant 1 h 30.
★ Partagez la pâte en 6 morceaux. Formez des boudins de 6 à 8 cm de long et 2,5 cm d'épaisseur environ. Déposez-les sur une plaque de cuisson beurrée et farinée. Laissez-les à nouveau gonfler pendant 1 heure à température ambiante pour qu'ils doublent de volume.
★ Préchauffez le four à 210 °C (th. 7).
★ Dorez les pains d'œuf battu puis parsemez-les de sésame.
★ Enfournez et faites cuire 20 minutes. Laissez refroidir sur une grille.

HOT-DOGS À LA CHOUCROUTE

POUR 6 PERSONNES
PRÉPARATION : 10 MINUTES
CUISSON : 10 MINUTES

6 PETITS PAINS À HOT-DOGS
6 SAUCISSES DE FRANCFORT
400 G DE CHOUCROUTE CUITE
2 OIGNONS BLANCS DOUX PELÉS ET ÉMINCÉS
10 CL DE VIN BLANC SEC
1 PINCÉE DE POIVRE DE JAMAÏQUE MOULU
(OU DE POIVRE NOIR)
50 G DE BEURRE
MOUTARDE AMÉRICAINE (OU SAVORA®)

★ Dans une poêle chaude, faites fondre le beurre puis faites dorer les oignons à feu doux jusqu'à ce qu'ils deviennent translucides. Ajoutez la choucroute et le vin blanc. Laissez chauffer à feu doux afin que le vin blanc imbibe bien la choucroute. Ajoutez le poivre, mélangez et éteignez le feu.
★ Plongez les saucisses quelques minutes dans un grand volume d'eau bouillante salée. Lorsqu'elles ont bien gonflé, égouttez-les.
★ Coupez les petits pains en deux dans la longueur et badigeonnez chaque face de moutarde.
★ Placez 1 saucisse dans chaque pain et recouvrez de choucroute. Dégustez aussitôt.

Le mot bagel viendrait du yiddish *beygl* et de l'allemand *bügel* signifiant « bracelet ». On rapporte que le premier bagel aurait été créé au XVIIᵉ siècle à Cracovie, en Pologne. Il était particulièrement apprécié par les familles juives qui le préparaient avant le début du shabbat, le laissaient reposer pendant la journée de prières, puis le faisaient cuire rapidement dès la rupture du shabbat.

Les colons polonais et la communauté yiddish ont emporté avec eux la recette du bagel jusqu'aux États-Unis. Aujourd'hui, il fait partie du classique à la pause déjeuner. Sa version la plus fréquente est accompagnée de cream-cheese, de Lox (saumon mariné) et de laitue. Mais sa version pastrami, moutarde américaine et pickles, remporte également un large succès auprès des gourmands américains.

BAGELS

Pour une vingtaine de bagels
Préparation : 30 minutes
Repos : 1 h 40
Cuisson : 10 minutes

550 g de farine
1 cuillerée à soupe de sucre semoule
10 g de levure boulangère déshydratée
(en grandes surfaces)
2 cuillerées à café rases de sel
2 cuillerées à soupe d'huile
1 œuf battu
5 cl de lait
Graines de sésame blanc ou noir
graines de pavot

★ Dans une jatte, délayez la levure avec 20 cl d'eau tiède. Ajoutez le sucre puis un tiers de la farine. Mélangez le tout et laissez lever 20 minutes dans un endroit tiède.

★ Ajoutez le reste de la farine, le sel, l'huile et l'œuf battu. Mélangez pendant 5 minutes pour que la pâte soit bien souple et se décolle des parois du bol (si elle vous semble sèche, ajoutez un peu d'eau tiède). Laissez gonfler la pâte pendant 1 heure sous un linge (elle doit doubler de volume).

★ Partagez la pâte en une vingtaine de boules puis façonnez des boudins d'environ 20 cm de long. Scellez les deux extrémités de chaque boudin avec un peu d'eau tiède pour former un anneau. Placez les bagels sur une feuille de papier sulfurisé, puis laissez lever 20 minutes dans un endroit tiède.

★ Dans une casserole, portez un grand volume d'eau à ébullition. Plongez les bagels et faites-les cuire 2 minutes de chaque côté. Retirez-les avec une écumoire et laissez-les s'égoutter sur une planche.

★ Préchauffez le four à 240 °C (th. 8).

★ Placez les bagels sur la plaque du four légèrement farinée. Badigeonnez-les de lait avec un pinceau puis parsemez-les de graines. Enfournez et faites cuire 10 minutes. Tournez-les et faites-les dorer encore quelques minutes. Laissez refroidir sur une grille.

BAGEL CREAM-CHEESE-LOX

Coupez le bagel en deux dans l'épaisseur. Badigeonnez l'intérieur de cream-cheese, salez et poivrez. Garnissez-les d'1 tranche de saumon mariné ou fumé, de quelques feuilles de laitue ou de rondelles de concombre.

BAGEL PASTRAMI

Coupez le bagel en deux dans l'épaisseur. Garnissez-le de 100 g de pastrami (au rayon casher des supermarchés). Nappez de moutarde américaine (ou Savora®), puis ajoutez quelques rondelles de pickles de concombre.

BAGEL BLT (BACON, LAITUE, TOMATE)

Coupez le bagel en deux dans l'épaisseur. Garnissez-le de quelques feuilles de laitue, 1 ou 2 rondelles de tomate et 50 g de tranches de bacon bien grillées.

En 1872, les producteurs laitiers américains créent une recette de fromage très riche et très onctueux qu'ils appellent « cream-cheese ». En 1880, la société Kraft de New York commence la production de son propre cream-cheese : le Philadelphia cream-cheese.

Dans les années 1900, le cheesecake, très à la mode à New York, est proposé dans tous les restaurants. En 1929, Arnold Reuben, propriétaire du restaurant *Turf* à Broadway, se proclame créateur du « New York cheesecake » fait uniquement au cream-cheese (les autres restaurateurs et boulangers utilisant parfois d'autres types de fromage frais –ricotta, cottage-cheese...).

En 1912, Kraft réalise la pasteurisation de sa recette et exporte son cream-cheese dans l'ensemble des autres États. Il devient incontournable dans la réalisation du cheesecake.

La pâte du traditionnel New York cheesecake est réalisée à base de biscuits Graham Crackers® réduits en poudre puis sablés avec du beurre et du sucre.

Le cheesecake se cuit dans un moule à charnière, ce qui permet de le démouler facilement. À défaut, recouvrez le fond du moule de papier sulfurisé en le faisant largement déborder sur les parois afin de pouvoir ensuite tirer sur le papier pour aider au démoulage.

NEW YORK CHEESECAKE

POUR 6 À 8 PERSONNES
PRÉPARATION : 25 MINUTES
CUISSON : 45 MINUTES

150 G DE BISCUITS SABLÉS DE TYPE SHORTBREADS, SPRITZ, SPÉCULOS OU, ÉVIDEMMENT, DE GRAHAM CRACKERS®
800 G DE FROMAGE FRAIS DE TYPE ST MÔRET OU PHILADELPHIA CREAM-CHEESE
140 G DE SUCRE SEMOULE
40 G DE CASSONADE
3 ŒUFS
2 CUILLERÉES À SOUPE DE FÉCULE DE POMME DE TERRE
1 CUILLERÉE À SOUPE D'EXTRAIT DE VANILLE LIQUIDE
100 G DE CRÈME FRAÎCHE ÉPAISSE
60 G DE BEURRE FONDU
LE ZESTE DE 1 CITRON

MOULE À CHEESECAKE DE 25 CM DE DIAMÈTRE (OU À GÉNOISE À BORDS HAUTS)

★ Préchauffez le four à 150 °C (th. 5).

★ Placez une large bande de papier sulfurisé sur le bord du moule (elle doit dépasser de 2 à 3 cm).

★ Réduisez les biscuits en poudre puis mélangez-les avec le beurre fondu et la cassonade. Déposez cette pâte dans le fond du moule en remontant un peu sur les côtés. Faites cuire 15 minutes au four puis laissez refroidir.

★ À l'aide du batteur, fouettez le fromage frais pour l'aérer. Ajoutez le sucre en alternance avec les œufs. Incorporez ensuite la fécule puis le zeste de citron et la crème en mélangeant à la spatule.

★ Versez la préparation dans le moule et enfournez. Placez un bol d'eau dans le four pour éviter que le cheesecake ne craque. Faites cuire 45 minutes.

★ Laissez refroidir avant de placer le cheesecake au frais (de préférence une nuit entière).

★ Démoulez et dégustez avec un coulis de fruits rouges.

COULIS DE FRUITS ROUGES

200 G DE FRAISES OU DE FRAMBOISES FRAÎCHES
50 G DE SUCRE GLACE
1 CUILLERÉE À SOUPE DE JUS DE CITRON

★ Mixez finement les fraises ou framboises fraîches avec le sucre glace et le jus de citron ; filtrez au chinois.

Créé en 1908 par l'un des grands barmen de l'histoire, Johnnie Solon, opérant au *Waldorf Astoria*, il est le symbole de l'époque des Années folles et des grands hôtels new-yorkais. On imagine aisément Gatsby dégustant un Bronx. Le nom du cocktail vient du zoo du Bronx, très à la mode à l'époque.

Particulièrement consommé dans les années 1920-1930, il a connu une période de disgrâce durant les années 1950, considéré comme trop « doux » pour cette époque où les cocktails « macho » tels que les Dry Martini étaient très en vogue.

Ce cocktail aurait été créé en 1970 par un barman surnommé RoseBud (de son vrai nom Robert Butt), selon les indications d'Ernest Hemingway, grand consommateur de cocktails.

Contrairement à ce que son allure laisse présager (il ressemble à un thé glacé !), ce cocktail est particulièrement alcoolisé.

LE BRONX

LONG ISLAND ICE TEA

POUR 1 VERRE

4,5 CL DE GIN
1,5 CL DE VERMOUTH ROUGE
1,5 CL DE VERMOUTH BLANC
3 CL DE JUS D'ORANGE

1 SHAKER ET 1 VERRE DOSEUR

★ Le cocktail se prépare au shaker puis se sert dans un verre rafraîchi.

POUR 1 VERRE

1,5 CL DE GIN
1,5 CL DE VODKA
1,5 CL DE RHUM BLANC
1,5 CL DE LIQUEUR D'ORANGE (TRIPLE SEC®, GRAND MARNIER®, COINTREAU®)
1,5 CL DE TEQUILA
1 CL DE JUS DE CITRON
3 CL DE COCA-COLA
½ RONDELLE DE CITRON EN DÉCORATION

1 SHAKER ET 1 VERRE DOSEUR

★ Mélangez tout d'abord les alcools et le jus de citron dans un shaker. Versez ensuite dans un grand verre puis ajoutez le coca-cola et quelques glaçons. Décorez le bord du verre avec une demi-rondelle de citron.

Créé en 1874, le Manhattan est un classique qui rappelle l'âge d'or de l'histoire du cocktail aux États-Unis. Il était consommé par la haute société new-yorkaise et bostonienne. Il semble avoir été créé au Manhattan Club de New York à l'occasion d'une fête donnée pour l'élection du gouverneur Bill Tiden.

Ce cocktail s'est développé sur les cartes des bars de la presqu'île new-yorkaise depuis le 11 Septembre, car il est généralement proposé en hommage aux victimes des attentats.

Créé en 1958, le « Cosmo » fait partie des classiques des soirées mondaines (c'est aussi parce qu'il se sert dans le classissime verre à Martini®). On ne sait pas réellement qui est le créateur de ce cocktail.

En revanche, on sait qu'il a été particulièrement servi par Sheryl Cook, barmaid dans les années 1970 d'un club particulièrement macho et qui attira ainsi une nouvelle clientèle. Ce cocktail devint le « Girls' drink ».

Le barman gay Toby Cecchini a lui aussi donné une grande popularité au cocktail en le plaçant en tête de la carte de ses différents bars. Il a ensuite été particulièrement vu dans la série TV *Sex and the City* où les héroïnes en ont fait leur boisson culte.

MANHATTAN

COSMOPOLITAN

POUR 1 VERRE

4 CL DE WHISKY (BOURBON, WHISKEY)
2 CL DE VERMOUTH ROUGE (MARTINI®, CINZANO®)
0,5 CL DE ANGOSTURA BITTERS®
1 CERISE

1 VERRE À MÉLANGE ET 1 VERRE DOSEUR

★ Ce cocktail se prépare dans un verre à mélange et non au shaker en remuant de haut en bas les différents ingrédients. Il est ensuite versé dans un verre à cocktail préalablement rafraîchi, au fond duquel on place généralement 1 cerise.

POUR 1 VERRE

4 CL DE VODKA
2 CL DE LIQUEUR D'ORANGE (COINTREAU®, GRAND MARNIER® OU TRIPLE SEC®)
2 CL DE JUS DE CRANBERRY
1 CL DE JUS DE CITRON

1 SHAKER ET 1 VERRE DOSEUR

★ Ce cocktail se prépare au shaker puis se verse dans un verre à Martini® sur des glaçons. On peut décorer le bord du verre avec un zeste de citron.

Sur la côte est l'influence de la mer dans la cuisine est indéniable, et les Américains adorent déguster du crabe, du homard et des coquillages, notamment des clams. Ces recettes traditionnelles se sont développées dès l'arrivée des Européens traditionnellement pêcheurs. Peu à peu, les colons se sont déployés vers l'intérieur des terres et sont devenus éleveurs et agriculteurs.

Parmi eux, les familles amishs et mennonites anabaptistes qui ont trouvé refuge sur les terres de Pennsylvanie à partir de 1730, à la grande joie de William Penn, fondateur de l'État, qui a vu dans ces émigrés suisses et allemands persécutés pour leur religion un moyen de peupler rapidement les terres américaines. Dès lors, les Amishs se sont installés dans la région de Lancaster : ils vivent encore aujourd'hui comme à leur arrivée au XVIIIe siècle. N'utilisant ni gaz, ni électricité, ni moyens modernes de communication, ils restent isolés de la vie américaine et du progrès qui se développe autour d'eux. Et leurs recettes de cuisine sont telles qu'au XVIIIe siècle, nécessitant peu d'ingrédients mais beaucoup de patience !

RECETTES DE LA CÔTE EST

L'origine de la salade Caesar est controversée : on l'attribue parfois à Giacomo Junia, chef italien d'un restaurant de Chicago qui l'aurait créée en 1903 en utilisant des ingrédients de son pays d'origine. Il aurait ainsi permis aux Américains de découvrir le goût des produits italiens comme le parmesan encore peu connu à l'époque.

À moins que la paternité de la salade Caesar ne revienne à Caesar Cardini qui l'aurait inventée en 1924 à Tijuana, au Mexique. Ce chef aurait préparé cette salade très rapidement pour un client tardif avec les restes de ses frigos. En piquant les feuilles de romaine tout autour du plat, il pensait faciliter la dégustation rapide de son client pressé. Cette mise en scène a beaucoup plu et le plat est devenu un must à l'époque.

CHICAGO CAESAR SALAD

POUR 4 PERSONNES
PRÉPARATION : 15 MINUTES
CUISSON : 5 MINUTES

4 CŒURS DE SALADE ROMAINE
12 FILETS D'ANCHOIS À L'HUILE
80 G DE PARMESAN
½ OIGNON BLANC FRAIS
2 GOUSSES D'AIL
4 TRANCHES DE PAIN BIEN SEC
(OU UNE VINGTAINE DE CROÛTONS)
3 CUILLERÉES À SOUPE D'HUILE D'OLIVE
2 CUILLERÉES À SOUPE DE SAUCE
WORCESTERSHIRE

★ Effeuillez la salade et lavez-la. Conservez 4 feuilles entières par assiette. Coupez le reste des feuilles en tronçons de 2 cm de large.
★ Coupez le pain en petits dés et faites-les revenir dans une poêle avec 1 cuillérée à soupe d'huile d'olive. Lorsqu'ils sont dorés, retirez-les du feu et absorbez l'excédent d'huile en les tamponnant avec un papier absorbant.
★ Pelez l'ail et frottez-en rapidement les croûtons. Ciselez ensuite les gousses ainsi que l'oignon blanc.
★ Dans un bol, mélangez la sauce Worcestershire, le reste d'huile d'olive, l'ail et l'oignon.
★ Déposez la salade dans les assiettes. Arrosez de sauce puis répartissez les croûtons, les filets d'anchois et le parmesan coupé en copeaux.
★ Piquez 1 feuille de romaine entière à chaque coin de l'assiette. Dégustez bien frais.

VARIANTE :
EGG CAESAR SALAD (À L'ŒUF MOLLET)

4 ŒUFS BIEN FRAIS
1 CUILLERÉE À SOUPE DE VINAIGRE BLANC

★ Portez 50 cl d'eau à ébullition dans une casserole. Ajoutez le vinaigre. Cassez 1 œuf en le déposant délicatement dans l'eau. Faites cuire 1 minute, puis retirez avec une écumoire. Renouvelez l'opération avec les autres œufs.
★ Placez 1 œuf dans chaque assiette et servez aussitôt.

Sur la côte est, la guerre des « chowders » fait rage. Chaque ville revendique la paternité de la véritable clam chowder américaine. Il existe ainsi des clam chowders de Boston, de Philadelphie, et même de Miami...

La première recette de clam chowder fut éditée en 1751 à Boston. La chowder se différencie des bouillons et des soupes par son mélange de légumes divers, de coquillages et poissons. Elle doit être épaisse et nourrissante comme une purée.

En 1939, un parlementaire de l'État du Maine déposa un projet de loi prônant l'illégalité de l'ajout de sauce tomate dans la clam chowder... Ce projet ne passa pas, mais relança le débat sur la véritable recette de la clam chowder.

BOSTON CLAM CHOWDER
SOUPE AUX COQUILLAGES

POUR 6 PERSONNES
PRÉPARATION : 20 MINUTES
CUISSON : 20 MINUTES

1 KG DE PALOURDES OU DE COQUES FRAÎCHES EN COQUILLES (OU 300 G DE COQUILLAGES SANS LA COQUE)
500 G DE POMMES DE TERRE PELÉES ET COUPÉES EN TRANCHES
2 CAROTTES PELÉES ET COUPÉES EN RONDELLES
5 CM DE CÉLERI BRANCHE ÉMINCÉ
1 TRANCHE DE POITRINE FUMÉE FINEMENT ÉMINCÉE
1 OIGNON ÉMINCÉ
½ BOUQUET DE PERSIL FRAIS
½ CUILLERÉE À CAFÉ DE THYM SEC
½ CUILLERÉE À CAFÉ DE PAPRIKA
20 CL DE CRÈME LIQUIDE
SEL, POIVRE

★ Versez 20 cl d'eau dans un faitout. Ajoutez les coquillages, couvrez et portez à ébullition : ils vont s'ouvrir. Faites le tri et ne conservez que les coquillages ouverts. Réservez quelques coquillages avec la coque et décoquillez les autres. Hachez grossièrement la chair. Filtrez l'eau de cuisson pour retirer le sable et réservez-la.

★ Dans une grande casserole, faites dorer la poitrine émincée sans matière grasse. Ajoutez l'oignon, les carottes, le céleri et le paprika. Couvrez et laissez cuire sur feu doux 5 à 6 minutes en remuant de temps en temps.

★ Ajoutez 75 cl d'eau froide, les pommes de terre et le thym. Faites mijoter 20 minutes environ jusqu'à ce que les pommes de terre soient cuites. Baissez le feu puis incorporez les coquillages entiers et la chair hachée ainsi que l'eau de cuisson. Salez et poivrez. Ajoutez la crème liquide et mélangez.

★ Servez aussitôt en parsemant de persil haché.

VARIANTE : MIAMI CLAM CHOWDER

Ajoutez 15 cl de coulis de tomates et 1 grosse pincée de piment en poudre en même temps que le paprika.

Dans la baie de Chesapeake à Baltimore, État du Maryland, les coquillages et crustacés sont particulièrement présents. Depuis leur arrivée sur les côtes nord-américaines, les colons pêchent les crabes bleus. Plus fins et moins charnus que le tourteau, ils se mangent en soupe ou en galette. À la cuisson, ils deviennent rouges et ne se différencient plus des autres variétés de crabes.

Dans le Maryland, on sert le crab cake avec de la mayonnaise, mais on en trouve une version plus exotique en Floride et principalement à Miami où il est servi avec une sauce à la mangue d'influence carabéenne. Depuis, sur toute la côte atlantique, on assiste à une lutte infernale dans les concours de recettes pour définir la plus savoureuse recette de crab cake.

BALTIMORE CRAB CAKE

POUR 4 PERSONNES
PRÉPARATION : 15 MINUTES
CUISSON : 20 MINUTES

500 G DE CHAIR DE CRABE
LE ZESTE DE 1 CITRON JAUNE HACHÉ FINEMENT
1 CUILLERÉE À SOUPE DE BASILIC FRAIS HACHÉ GROSSIÈREMENT
½ ŒUF BATTU
5 CL DE MAYONNAISE
1 CUILLERÉE À CAFÉ DE MÉLANGE D'ÉPICES OLD BAY*
50 G DE MIE DE PAIN FRAIS
5 CL D'HUILE

POUR LA SAUCE :
1 ŒUF
1 CUILLERÉE À SOUPE DE JUS DE CITRON
½ BOUQUET DE CORIANDRE FRAÎCHE HACHÉ GROSSIÈREMENT
10 CL D'HUILE DE COLZA
SEL, POIVRE

*LE MÉLANGE OLD BAY

Ce mélange s'utilise avec les crustacés et les poissons. Vous pouvez le préparer vous-même et le conserver dans un bocal au réfrigérateur pendant 6 mois.

1 CUILLERÉE À SOUPE DE GRAINES DE CÉLERI
2 GOUSSES D'AIL
1 CUILLERÉE À SOUPE DE POIVRE NOIR ENTIER
6 FEUILLES DE LAURIER
½ CUILLERÉE À CAFÉ DE GRAINES DE MOUTARDE
½ CUILLERÉE À CAFÉ DE GRAINES DE CARDAMOME ENTIÈRE
1 CUILLERÉE À CAFÉ DE PAPRIKA

Mixez le tout très finement.

★ Mélangez dans un saladier, le crabe, l'œuf, la mie de pain, les épices, la mayonnaise, le zeste de citon et le basilic.

★ Formez des petits paquets de 5 cm de large. Placez-les au frais.

★ Préparez la sauce : à l'aide d'un mixeur, mélangez l'œuf avec le jus de citron, le sel et le poivre. Versez petit à petit l'huile en continuant de mixer. Ajoutez enfin la coriandre hachée.

★ Faites revenir les gâteaux de crabe dans l'huile, laissez les dorer de chaque côté. Servez-les avec la sauce et du coleslaw (page 114).

La shepperd pie, ou tourte du berger, est une recette proche de notre hachis Parmentier. Mais comme il s'agit d'une tourte de berger, elle est réalisée avec des ingrédients peu chers que sont les légumes de saison, un peu de viande hachée d'agneau et de la purée de pommes de terre.

On voit apparaître les premières recettes de shepperd pie dans les livres de cuisine en 1870, mais cela faisait déjà bien longtemps que la recette était réalisée par la plupart des familles des régions agricoles des États-Unis.

SHEPPERD PIE GRATIN DE LÉGUMES DE CAMPAGNE

POUR 4 À 6 PERSONNES
PRÉPARATION : 20 MINUTES
CUISSON : 50 MINUTES

200 G DE VIANDE D'AGNEAU HACHÉE
300 G DE POMMES DE TERRE À PURÉE
300 G DE LÉGUMES DE SAISON COUPÉS EN PETITS DÉS
(BROCOLIS, PETITS POIS, CAROTTES, MAÏS...)
1 OIGNON HACHÉ
10 CL DE BOUILLON DE BŒUF DÉGRAISSÉ
1 CUILLERÉE À SOUPE DE SAUCE WORCESTERSHIRE
1 CUILLERÉE À CAFÉ DE THYM SÉCHÉ
1 CUILLERÉE À CAFÉ DE ROMARIN ÉMINCÉ FINEMENT
10 CL DE LAIT
100 G DE BEURRE
SEL, POIVRE

★ Faites cuire les pommes de terre avec la peau dans l'eau bouillante 20 minutes jusqu'à ce qu'elles soient bien tendres.

★ Dans une poêle, faites fondre 50 g de beurre, ajoutez l'oignon haché et faites-le rissoler jusqu'à ce qu'il soit transparent. Ajoutez la viande d'agneau hachée et laissez dorer quelques minutes. Incorporez les petits légumes et le bouillon de bœuf. Laissez cuire à feu doux pendant 15 minutes : les légumes doivent être moelleux. Ajoutez le sel, le poivre, la sauce Worcestershire et les herbes. Mélangez bien et laissez cuire à nouveau 5 minutes.

★ Préchauffez le four à 180 °C (th. 6).

★ Égouttez les pommes de terre, pelez-les et écrasez-les grossièrement à la fourchette. Ajoutez le lait et 50 g de beurre. Mélangez bien la purée et réservez-la.

★ Dans un plat à gratin, déposez le mélange viande-légumes, puis recouvrez de purée. Faites cuire 30 minutes au four afin que le dessus de la purée soit bien dorée.

La Pennsylvanie est la terre de prédilection des amishs où les premiers groupes importants s'installèrent en 1730 dans le Sud, autour de la ville de Lancaster. Peu de familles ont bougé depuis leur implantation d'origine. Menant la même existence qu'à leur arrivée au XVIIIe siècle, les amishs vivent en communauté fermée et font peu de cas des avancées scientifiques et technologiques que les Américains ont réussi à développer. Ils se déplacent toujours à cheval, cultivent à la main leurs champs et élèvent leurs troupeaux de façon ancestrale. Ils mangent les produits de leur ferme et cuisinent encore au bois. Cette recette est typique de la cuisine amish : il faut être patient pour la faire et laisser le temps au temps.

UNE RECETTE AMISH :
DUTCH STICKY ROLLS
BRIOCHES ROULÉES AUX NOIX ET À LA CANNELLE

POUR 4 À 6 PERSONNES
PRÉPARATION : 30 MINUTES
REPOS : 2 HEURES + 1 NUIT + 1 HEURE
CUISSON : 20 MINUTES

250 G DE FARINE
10 G DE LEVURE FRAÎCHE DE BOULANGER
(OU 1 SACHET DE LEVURE SÈCHE,
EN GRANDES SURFACES)
12 CL DE LAIT TIÈDE
30 G DE SUCRE SEMOULE
½ CUILLERÉE À CAFÉ DE SEL
1 ŒUF BATTU
60 G DE BEURRE MOU COUPÉ EN DÉS
50 G DE BEURRE FONDU FROID
100 G DE CASSONADE
100 G DE NOIX DE PÉCAN HACHÉES
1 CUILLERÉE À SOUPE DE CANNELLE
½ CUILLERÉE À SOUPE DE MUSCADE
EN POUDRE

★ Dans un saladier, délayez la levure avec 1 cuillerée à soupe de lait tiède, puis ajoutez 50 g de farine. Laissez lever ce levain dans un endroit tiède pendant 20 minutes.

★ Lorsque le levain a doublé de volume, versez le reste de farine dans un second saladier. Faites un puits, ajoutez le sel, le sucre, l'œuf battu, le levain et enfin le reste de lait. Pétrissez bien jusqu'à l'obtention d'une pâte homogène. Ajoutez les dés de beurre et pétrissez à nouveau. Couvrez la pâte d'un linge et laissez-la au chaud pendant 1 h 30.

★ Lorsque la pâte est bien gonflée, repliez-la sur elle-même pour chasser les bulles d'air et placez au frais toute la nuit.

★ Le lendemain, étalez la pâte en un rectangle de 1 cm d'épaisseur. Badigeonnez la pâte de beurre fondu. Saupoudrez de cassonade et de noix de pécan hachées. Répartissez uniformément la cannelle et la muscade. Roulez la pâte sur elle-même du côté le plus large pour obtenir un boudin. Découpez celui-ci en 4 à 6 tronçons de 2,5 cm de large.

★ Placez les tronçons dans un moule à gâteau beurré de 25 cm de côté environ. Laissez gonfler à température ambiante pendant 1 heure.

★ Préchauffez le four à 180 °C (th. 6).

★ Enfournez et laissez cuire pendant 20 minutes environ.

La shoofly pie est une tarte à la mélasse (sirop de sucre épais obtenu en fin de chaîne de raffinage de la canne à sucre). Utilisée comme « sucre du pauvre » au XVIIᵉ siècle, la mélasse fait encore partie aujourd'hui de nombreuses recettes aux États-Unis et en Allemagne. Vous en trouverez facilement sur les sites Internet proposant des produits anglo-saxons (ou dans les épiceries listées p. 135).

L'origine du mot shoofly porte à débat, mais la version la plus réaliste semble celle qui compare la tarte à un piège à insectes (*fly*) qu'il faudrait repousser sans cesse (*shooe*).

UNE RECETTE AMISH :
SHOOFLY PIE TARTE À LA MÉLASSE

POUR 6 PERSONNES
PRÉPARATION : 15 MINUTES
CUISSON : 30 À 40 MINUTES

POUR LE CRUMBLE :
200 G DE FARINE
100 G DE SUCRE SEMOULE
100 G DE CASSONADE
100 G DE BEURRE FROID COUPÉ EN PETITS DÉS

POUR LA TARTE :
1 PÂTE SABLÉE PRÉ-ÉTALÉE
12 CL DE MÉLASSE (OU DE MIEL DE SAPIN)
20 CL D'EAU TIÈDE
1 ŒUF
1 CUILLERÉE À CAFÉ DE LEVURE CHIMIQUE

★ Préchauffez le four à 190 °C (th. 6-7).
★ Étalez la pâte dans le moule et placez celui-ci au frais le temps de préparer la garniture.
★ Préparez le crumble : dans un saladier mélangez du bout des doigts la farine, le sucre, la cassonade et les dés de beurre : le mélange doit être sableux.
★ Mélangez dans un second saladier l'œuf battu avec l'eau tiède, la mélasse et enfin la levure chimique.
★ Sortez la pâte du réfrigérateur. Répartissez la moitié du crumble sur le fond de tarte, puis la garniture à la mélasse et enfin l'autre moitié du crumble.
★ Faites cuire au four 30 à 40 minutes : la pâte doit être bien dorée.

VARIANTE : TARTE AU SIROP D'ÉRABLE

Vous pouvez tout à fait remplacer la mélasse par du sirop d'érable. Dans ce cas, n'hésitez pas à utiliser un mélange de farine et de poudre de noisettes pour le crumble. Délicieux !

Le terme de *soul food* est devenu populaire dans les années 1960, avec la cuisine traditionnellement réalisée par les familles afro-américaines aux États-Unis. On parlait à cette même époque de *soul music* en référence aux artistes afro-américains de la Motown.

Les origines de la *soul food* remontent évidemment bien plus loin, à l'arrivée des esclaves africains sur le sol des États-Unis. Elle associe les principaux composants de la cuisine d'Afrique de l'Ouest (riz, sorgo, okras…) aux ingrédients locaux des États du Sud, souvent issus de la pêche ou de la chasse et des petites récoltes autorisées.

N'ayant ni le droit d'écrire ni celui de lire, les esclaves ne purent transmettre leurs recettes que de bouche à oreille, et il faudra attendre 1880 pour voir apparaître le premier livre de recettes de *soul food* afro-américaine.

LA SOUL FOOD DES ÉTATS DU SUD

★

Les travers de porc marinés et grillés sont un classique de la *soul food*. Ils représentent l'un des mets de choix cuisinés en sucré-salé. De nombreuses recettes ont été inventées pour accommoder toutes les parties du porc afin de ne pas en perdre une miette : oreilles sautées, queue bouillie, intestins grillés en chips…

RIB'S TRAVERS DE PORC

POUR 6 PERSONNES
PRÉPARATION : 10 MINUTES
CUISSON : 1 H 10

3 TRAVERS DE PORC
(PRÉVOIR 3 OS PAR PERSONNE),
SOIT ENVIRON 2 KG DE TRAVERS
1 OIGNON PELÉ ET HACHÉ FINEMENT
2 CUILLERÉES À SOUPE DE CASSONADE
1 CUILLERÉE À SOUPE DE MOUTARDE FORTE
1 CUILLERÉE À CAFÉ BOMBÉE DE SEL
½ CUILLERÉE À CAFÉ DE POIVRE NOIR MOULU
1 GROSSE PINCÉE DE PIMENT DE CAYENNE
10 CL DE SAUCE KETCHUP
2 CUILLERÉES À SOUPE DE SAUCE WORCESTERSHIRE
1 CUILLERÉE À SOUPE DE BIÈRE (FACULTATIF)
LE JUS DE 1 CITRON JAUNE
1 CUILLERÉE À SOUPE DE JUS D'ANANAS (FACULTATIF)
6 CL DE VINAIGRE BLANC
12 CL D'EAU

★ Placez les travers de porc dans un plat allant au four, côté graisseux vers le haut. Faites-les cuire 40 minutes à 200 °C (th. 6-7).
★ Dans une casserole, mélangez l'ensemble des ingrédients. Faites chauffer à feu doux pendant 20 minutes.
★ Lorsque les travers sont cuits, retirez l'excédent de graisse au fond du plat et, à l'aide d'un pinceau, badigeonnez-les de sauce de tous côtés. Baissez la température du four à 180 °C (th. 6) et remettez les travers 40 minutes en les badigeonnant régulièrement de sauce : ils doivent être moelleux et parfaitement nappés.

LES ACCOMPAGNEMENTS CLASSIQUES :

Sweet potatoes : des dés de patates douces. Pelez les patates douces et coupez-les en cubes. Faites-les cuire 10 minutes à la vapeur avant de les faire dorer dans le beurre. Salez et poivrez.

Mashed potatoes : une purée de pommes de terre toute simple. Faites cuire les pommes de terre à l'eau bouillante en robe des champs, puis pelez-les et écrasez-les grossièrement. Délayez avec un peu de lait ou de crème liquide.

Corn : un épi de maïs cuit d'abord à l'eau bouillante puis roulé dans le beurre fondu. Salez et poivrez.

L'une des grandes particularités des viandes et poissons de la *soul food* est qu'on les cuisine très souvent panés. La panure peut se faire avec de la farine, des flocons d'avoine ou de la noix de coco. Hormis les filets et cuisses de poulet panés, il existe une fameuse recette de poisson-chat pané et frit (*fried catfish*) ; très présent dans les rivières de la Caroline du sud d'Alabama, ce poisson reste incongru pour les Européens !

CREVETTES PANÉES À LA NOIX DE COCO

Pour 4 personnes
Préparation : 15 minutes
Cuisson : 5 minutes

20 gambas crues de taille moyenne
(ou 8 jumbo gambas)
100 g de noix de coco râpée grossièrement
1 œuf
50 g de farine
2 cuillerées à soupe d'huile de friture
Piment de Cayenne
Sel

★ Décortiquez les gambas en retirant la tête mais en conservant le bout de la queue. Saupoudrez-les de sel et de quelques pincées de piment de Cayenne.
★ Battez l'œuf en omelette dans une assiette creuse. Versez la farine dans une autre assiette. Faites de même avec la noix de coco.
★ Roulez chaque gambas dans la farine puis dans l'œuf battu et enfin dans la noix de coco râpée.
★ Faites chauffer l'huile dans une poêle puis saisissez les gambas quelques minutes de chaque côté jusqu'à ce que la noix de coco soit dorée. Dégustez bien chaud avec les sauces d'accompagnement.

SAUCE À LA MOUTARDE ET AU MIEL

2 cuillerées à soupe de moutarde américaine
(ou de Savora®)
2 cuillerées à soupe de miel liquide
2 cuillerées à soupe de crème fraîche
Piment de Cayenne
Sel

★ Mélangez la moutarde, le miel et la crème fraîche.
★ Assaisonnez avec le sel et le piment de Cayenne selon vos goûts.

SAUCE À LA CONFITURE D'ABRICOTS PIMENTÉE

4 cuillerées à soupe de confiture d'abricots
Le jus de 1 citron vert
4 ou 5 gouttes de Tabasco®
Sel
Mélangez l'ensemble des ingrédients en salant à votre goût.

Ce plat typique de la *soul food* est un mélange de cornilles *(black-eyed peas)* et de riz. Les cornilles auraient été importées d'Afrique par les premiers esclaves. Servi en période de fêtes, et particulièrement au réveillon du Nouvel An, ce plat est censé apporter prospérité et chance tout au long de l'année. Pour rendre le vœu plus concret – et gâter l'un des convives – on cachait parfois une pièce d'argent dans le plat.

L'histoire du nom de la recette est controversée. On le vit apparaître pour la première fois à Charleston, en Caroline du Sud, vers 1840. Dans certaines versions, John est un invité de dernière minute pour un repas de fêtes : « Hop' in, John » (fais un saut par ici, John !). Dans d'autres versions, les enfants de la famille ainsi que le mari appelé John se seraient mis tout simplement à sautiller de joie en voyant arriver le plat !

HOPPIN' JOHN

POUR 4 PERSONNES
PRÉPARATION : 15 MINUTES
CUISSON : 1 H 45

400 G DE HARICOTS BLANC ET NOIR
(BLACK-EYED PEAS)
400 G DE RIZ
4 TRANCHES DE LARD ÉPAIS
50 G DE BEURRE
2 OIGNONS BLANCS ÉMINCÉS
1 BRANCHE DE CÉLERI ÉMINCÉE FINEMENT
½ PETIT PIMENT OISEAU ROUGE HACHÉ
1 FEUILLE DE LAURIER
1 PINCÉE DE POIVRE ROUGE
SEL

★ Rincez les haricots secs.
★ Dans un faitout, faites fondre le beurre. Ajoutez le céleri et les oignons émincés, ainsi que le piment. Laissez cuire jusqu'à ce que les oignons deviennent translucides. Ajoutez 1 litre d'eau bouillante et le laurier.
★ Versez les haricots secs dans le faitout (ajoutez éventuellement un peu d'eau afin de les recouvrir totalement). Faites cuire 1 h 30 environ jusqu'à ce qu'ils soient moelleux.
★ Faites cuire le riz à la vapeur. Ajoutez-le aux haricots et mélangez bien : il ne doit rester qu'un peu de bouillon. Si le mélange est trop aqueux, retirez du bouillon et faites réduire à feu doux quelques minutes. Salez et poivrez.
★ Avant de servir, faites dorer les tranches de lard de chaque côté dans une poêle.
★ Répartissez dans chaque assiette le mélange de haricots et riz et recouvrez d'une tranche de lard.

CASSEROLE DE PATATES DOUCES ET POMMES

POUR 4 PERSONNES
PRÉPARATION : 20 MINUTES
CUISSON : 30 MINUTES

4 PETITES PATATES DOUCES
4 POMMES
2 CUILLERÉES À SOUPE DE JUS DE CITRON
50 G DE BEURRE
50 G DE MIEL DE SAPIN
50 G DE CASSONADE
50 G DE NOIX DE PÉCAN HACHÉES GROSSIÈREMENT
½ CUILLERÉE À CAFÉ DE SEL
CASSEROLE POUVANT ALLER SUR LE FEU
ET AU FOUR

★ Préchauffez le four à 180 °C (th. 6).
★ Pelez et coupez en tranches les patates douces et les pommes.
★ Dans une casserole, faites fondre le beurre puis faites dorer les pommes de chaque côté. Ajoutez le jus de citron et le sel. Incorporez ensuite les tranches de patates douces. Saupoudrez de cassonade, puis ajoutez le miel et les noix de pécan.
★ Enfournez et faites dorer pendant 30 minutes. Dégustez en accompagnement de ribs.

Aux États-Unis, on le confectionne avec des bananes très mûres, pour qu'il soit bien moelleux. On utilise des « vanilla wafers », biscuits à la vanille que l'on trouve dans les placards de toutes les familles. Vous pouvez remplacer ces biscuits par toutes sortes de petits sablés : galettes bretonnes, shortbreads anglais, macarons de Nancy, Petit-Lu®, biscuits thé de Lu®... Faites selon votre goût et le contenu de vos placards !

BANANA PUDDING

Pour 6 personnes
Préparation : 30 minutes
Cuisson : 20 minutes

4 bananes bien mûres
100 g de sablés (type shortbreads)
2 œufs
220 g de sucre semoule
40 g de farine
50 cl de lait
1 cuillerée à café d'extrait de vanille liquide
2 cuillerées à soupe de beurre pommade
1 pincée de sel

Plat à gratin carré (20-25 cm de côté)

★ Préchauffez le four à 200 °C (th. 6-7).
★ Dans une grande casserole, faites chauffer le lait à feu doux avec 50 g de sucre en remuant de temps en temps, jusqu'à ébullition.
★ Pelez les bananes et coupez-les en rondelles de 1 cm environ.
★ Séparez les blancs d'œufs des jaunes. Fouettez les jaunes avec 100 g de sucre jusqu'à ce que le mélange blanchisse. Ajoutez le sel et la farine puis fouettez à nouveau. Versez le lait bouillant par-dessus et mélangez bien.
★ Transvasez la préparation dans la casserole et faites chauffer jusqu'à épaississement en remuant régulièrement pour éviter que la crème n'accroche. Ôtez la casserole du feu et ajoutez l'extrait de vanille. Mélangez à nouveau.
★ Déposez une couche de biscuits dans le fond du plat à gratin beurré. Ajoutez la moitié de la crème puis la moitié des bananes. Recouvrez d'une couche de biscuits puis du reste de bananes. Finissez par la crème.
★ Montez les blancs en neige avec le sucre restant : ils doivent être bien fermes et brillants. Déposez-les sur la préparation.
★ Enfournez et laissez cuire le gâteau 15 à 20 minutes pour que la meringue se colore.

VARIANTE

Vous pouvez ajouter à la préparation quelques raisins secs gonflés dans 1 cuillerée à soupe de rhum légèrement tiédi.

La cuisine cajun (ou acadienne) vient des immigrants cajuns, d'origine française, établis en Nouvelle-Angleterre ou au Nouveau-Brunswick (ils refusèrent de prêter allégeance à l'Angleterre). Chassés par les Anglais, les Acadiens trouvèrent refuge en Louisiane où d'autres migrants français – souvent bretons – s'étaient déjà installés.

La cuisine cajun est inspirée des cuisines française, créole et afro-américaine. On retrouve fréquemment dans les recettes une base de roux foncé et de mirepoix (des légumes coupés en petits dés) typiquement française, mais aussi des andouilles ou saucisses pimentées. Les Acadiens ont adapté leur cuisine aux régions de Louisiane, adoptant dans leurs recettes les écrevisses, le sucre de canne ou le riz.

LA CUISINE CAJUN DE LA LOUISIANE

★

Le mot « jambalaya » vient du français jambon et de l'africain *ya*, qui signifie riz. Il s'agit d'un plat de riz au jambon, et plus précisément à la saucisse piquante.

Mais il semble que l'origine de ce plat soit en fait espagnole, le jambalaya étant un dérivé assez direct de la paella que nous connaissons bien. Cette recette est donc une nouvelle illustration du melting-pot extraordinaire que représente la cuisine cajun.

Le jambalaya se prépare avec des crevettes, du poulet ou du poisson, selon les goûts et la saison.

JAMBALAYA AUX CREVETTES

POUR 4 PERSONNES
PRÉPARATION : 30 MINUTES
CUISSON : 30 MINUTES

200 G DE RIZ
50 G DE JAMBON FUMÉ ÉPAIS COUPÉ EN PETITS DÉS
20 CREVETTES FRAÎCHES DÉCORTIQUÉES
100 G DE CHAURICE COUPÉE EN RONDELLES
(SAUCISSE ÉPICÉE CRÉOLE) OU, À DÉFAUT,
DE CHORIZO
1 BOÎTE DE 450 G DE TOMATES CONCASSÉES
½ POIVRON VERT HACHÉ FINEMENT
1 BRANCHE DE CÉLERI ÉMINCÉE FINEMENT
2 OIGNONS BLANCS HACHÉS
2 GOUSSES D'AIL ÉCRASÉES
2 CUILLERÉES À SOUPE DE FARINE
50 CL DE BOUILLON DE BŒUF DÉGRAISSÉ
½ CUILLERÉE À CAFÉ DE PIMENT DE CAYENNE
3 CUILLERÉES À SOUPE D'HUILE D'OLIVE
TABASCO®
SEL

★ Faites cuire le riz dans une casserole d'eau bouillante ou à la vapeur.

★ Dans une cocotte, faites chauffer l'huile d'olive avec la farine. Mélangez pour obtenir un roux que vous ferez brunir à feu doux pendant 15 minutes en remuant fréquemment.

★ Faites revenir les rondelles de chaurice dans la cocotte, puis ajoutez le poivron, les oignons, le céleri, les tomates, l'ail et les dés de jambon. Versez le bouillon de bœuf et laissez cuire à feu doux jusqu'à ce que les légumes soient tendres.
Incorporez les crevettes et laissez cuire jusqu'à ce qu'elles deviennent roses.

★ Ajoutez le riz cuit dans la cocotte, puis assaisonnez de sel, piment de Cayenne et Tabasco®.

VARIANTE : JAMBALAYA WRAP

Pour les inconditionnels du jambalaya qui n'ont malheureusement pas le temps de passer à table, c'est la version « à emporter » du jambalaya : roulé dans une tortilla bien chaude, votre jambalaya se déguste alors comme un burrito. Vous verrez, c'est délicieux !

Le gumbo est une recette qui tire son nom de l'un de ses principaux ingrédients : les gumbos ou okras, des gousses vertes en forme d'étoile, appréciées pour leur jus gluant servant d'épaississant dans les plats.

Les gumbos sont très fréquemment cuisinés en Afrique de l'Ouest, au Liban. Ils ont été importés d'Afrique, et leur nom usuel est devenu okras.

Cette recette est une soupe épaisse, servie avec du riz et un peu de viande ou des crevettes.

GUMBO DE POULET

POUR 6 PERSONNES
PRÉPARATION : 25 MINUTES
CUISSON : 1 H 15

300 G DE GUMBOS
2 FILETS DE POULET
1 POIVRON VERT HACHÉ
1 BRANCHE DE CÉLERI
1 OIGNON BLANC HACHÉ
1 GOUSSE D'AIL HACHÉE
1 FEUILLE DE LAURIER ÉMIETTÉE
5 OU 6 FEUILLES DE BASILIC FRAIS
1 CUILLERÉE À CAFÉ DE THYM FRAIS
2 CUILLERÉES À CAFÉ DE PAPRIKA
1 CUILLERÉE À CAFÉ DE CUMIN EN POUDRE
1 CUILLERÉE À CAFÉ DE POIVRE
½ CUILLERÉE À CAFÉ DE PIMENT DE CAYENNE EN POUDRE
3 CUILLERÉES À SOUPE DE FARINE
60 G DE BEURRE
1 CUILLERÉE À CAFÉ DE SEL

★ Dans une casserole, mélangez le beurre et la farine pour obtenir un roux que vous ferez brunir à feu doux en remuant fréquemment. Incorporez l'oignon, l'ail, le céleri, le poivron et faites revenir jusqu'à ce que les légumes soient tendres. Ajoutez 2 tasses d'eau, le sel, les aromates et les épices. Laissez cuire le tout 40 minutes.

★ Découpez les gumbos en tranches de 2 cm et ajoutez-les à la préparation. Versez 2 tasses d'eau et faites cuire encore 25 minutes.

★ Pendant ce temps, coupez le poulet en lanières. Faites-les revenir 5 minutes dans une sauteuse. Ajoutez-les aux gumbos en fin de cuisson.

★ Servez sur du riz blanc.

VARIANTE : GUMBO DE FRUITS DE MER

Le gumbo se cuisine également avec des crevettes, des langoustines et surtout des écrevisses, particulièrement populaires en Louisiane ou au Texas. Il suffit alors de faire cuire les crustacés à part, de les décortiquer puis de les ajouter à la préparation en fin de cuisson.

Le mud pie (littéralement « gâteau à la boue ») est l'une des recettes historiques de l'État du Mississippi, ainsi nommé pour sa ressemblance – de près ou de loin – avec les berges du plus boueux des fleuves des États-Unis, le Mississippi. Il s'agit en fait d'un délicieux gâteau glacé au chocolat, au café et aux cacahuètes, recouvert d'un glaçage de chocolat fondu.

MUD PIE GÂTEAU À LA BOUE DU MISSISSIPPI

POUR 6 PERSONNES
PRÉPARATION : 20 MINUTES
CUISSON : 30 MINUTES
RÉFRIGÉRATION : 30 MINUTES

200 G DE CHOCOLAT NOIR
60 G DE FARINE
225 G DE SUCRE SEMOULE
100 G DE BEURRE RAMOLLI
2 ŒUFS
1 LITRE DE GLACE AU CAFÉ
10 CL DE CRÈME LIQUIDE
100 G D'UN MÉLANGE DE NOIX DE PÉCAN
ET DE CACAHUÈTES NON SALÉES
1 CUILLERÉE À CAFÉ D'EXTRAIT DE VANILLE
LIQUIDE
QUELQUES PÉPITES DE CHOCOLAT
½ CUILLERÉE À CAFÉ DE SEL

MOULE À GÂTEAU ROND (18-20 CM)
À BORD HAUT ET AVEC CHARNIÈRE

★ Préchauffez le four à 180 °C (th. 6).
★ Faites fondre 100 g de chocolat au bain-marie ou au micro-ondes, puis laissez refroidir.
★ Dans une jatte, mélangez le beurre et le sucre. Incorporez les œufs un à un, puis ajoutez l'extrait de vanille, la farine et le sel. Ajoutez le chocolat froid.
★ Hachez grossièrement les noix et cacahuètes et mélangez-les à la préparation.
★ Versez la pâte dans le moule beurré et fariné. Enfournez et faites cuire pendant 30 minutes. Laissez le gâteau refroidir totalement dans son moule.
★ Lorsque le gâteau est froid, remplissez le moule jusqu'au sommet de glace au café, en ajoutant de temps en temps quelques pépites de chocolat. Faites prendre au congélateur pendant 30 minutes.
★ Préparez le glaçage au chocolat : dans une casserole faites fondre à feu doux le reste de chocolat et la crème liquide (le mélange doit être bien homogène).
★ Sortez le gâteau du congélateur et démoulez-le en retirant la charnière. Faites-le glisser sur une assiette et nappez-le de coulis de chocolat. Servez aussitôt.

VARIANTE : MUD PIE BLANC

★ Vous pouvez réaliser un mud pie blanc, en prenant comme base la recette du blondies, page 36. Ajoutez alors une glace vanille et réalisez le même coulis de chocolat.

« Tex-mex » est la contraction des mots Texas et Mexique. Mais la cuisine tex-mex est en fait une somme d'influences : celles des Aztèques et des Mayas, des conquistadors, des Britanniques et des Cajuns de Louisiane.

Les ingrédients les plus utilisés dans la cuisine tex-mex sont le maïs et l'avocat, originaires d'Amérique, la farine, le riz, l'origan et la coriandre ramenés par les conquistadors, les haricots venant principalement d'Afrique, la viande – notamment le bœuf des éleveurs du Texas –, le fromage et la crème fraîche des immigrés allemands arrivés en 1840 à San Antonio. La cuisine tex-mex est un exemple de *world-food* à elle toute seule.

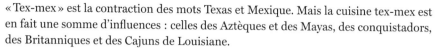

LE TEX-MEX

★

Le fleuve Brazos, aussi appelé « la rivière des bras de Dieu », parcourt l'État du Texas du nord au sud sur 2 060 km et se jette dans le golfe du Mexique. Il est l'un des rares fleuves qui irriguent les terres très sèches de cette région des États-Unis.

De nombreuses batailles eurent lieu aux abords de la rivière Brazos entre le Mexique et les États-Unis, notamment durant la guerre civile du Texas.

Le Brazos river chili est l'alliance des ingrédients classiques des chilis mexicains et de la viande américaine.

BRAZOS RIVER CHILI

POUR 4 PERSONNES
PRÉPARATION : 20 MINUTES
CUISSON : 1 HEURE

600 G DE BAVETTE OU D'ALOYAU
300 G DE HARICOTS ROUGES
300 G DE RIZ
100 G DE LARDONS FUMÉS
4 GOUSSES D'AIL ÉMINCÉES FINEMENT OU PRESSÉES
1 OIGNON BLANC ÉMINCÉ
1 OU 2 PIMENTS COUPÉS EN DEUX ET ÉPÉPINÉS
50 CL DE BOUILLON DE BŒUF DÉGRAISSÉ
25 CL DE COULIS DE TOMATES
3 CUILLERÉES À SOUPE DE CHILI EN POUDRE
1 CUILLERÉE À SOUPE DE PAPRIKA
1 CUILLERÉE À SOUPE DE CUMIN EN POUDRE
½ CUILLERÉE À CAFÉ DE POIVRE BLANC EN POUDRE

★ Coupez la viande en fines lamelles.
★ Dans une cocotte, faites revenir les lardons sans matière grasse. Lorsqu'ils sont bien colorés, ajoutez la viande et saisissez-la de tous côtés.
★ Incorporez ensuite l'ail et l'oignon, baissez le feu et laissez-les devenir translucides. Versez le bouillon de bœuf et le coulis de tomates. Ajoutez les épices et les piments. Faites mijoter le tout pendant 1 heure à feu très doux (si le chili devient trop sec, ajoutez un peu de bouillon de bœuf).
★ Faites cuire les haricots rouges dans une casserole d'eau bouillante salée. Faites cuire le riz à l'eau bouillante ou à la vapeur.
★ Réajustez l'assaisonnement du chili si besoin en ajoutant du chili en poudre, du cumin ou du sel.
★ Servez la viande sur les haricots et le riz.

VARIANTE : PEDERNALES RIVER CHILI

C'est le chili préféré du 36e président des États-Unis, Lyndon B. Johnson : retirez les lardons, ajoutez 1 cuillerée à soupe d'origan, et le tour est joué.

La tradition populaire mexicaine fait remonter l'origine du burrito aux années 1910 lors de la révolution mexicaine dans la ville de Cuidad Juarez, État du Chihuahua. Juan Mendez, vendeur des rues, eut l'idée de proposer sa cuisine enroulée et bien fermée dans des tortillas de blé pour la garder au chaud et éviter qu'elle ne se renverse. Arpentant la ville et ses faubourgs, Juan Mendez se déplaçait avec son âne. Il eut beaucoup de succès avec ses tortillas garnies, et son âne, auquel on finit par faire référence (*burrito* signifie « petit âne » en espagnol) pour désigner ce mode de préparation.

Au Mexique, le burrito est garni de riz, de viande, de tomate, d'avocat ; au Texas, on lui ajoute souvent de la crème fraîche et de la laitue.

BURRITO AU POULET ET AU BŒUF

Pour 4 personnes
Préparation : 15 minutes
Cuisson : 10 minutes

4 tortillas de blé de 20 cm de diamètre
150 g de viande hachée
1 filet de poulet
1 avocat bien mûr
1 tomate
1 poivron rouge
1 poivron vert
Quelques feuilles de laitue ou d'iceberg
60 g de cheddar
½ oignon blanc doux émincé
1 gousse d'ail
1 cuillerée à soupe d'origan
2 cuillerées à soupe de coulis de tomates
1 cuillerée à soupe d'huile d'olive
25 g de beurre
Sel, poivre

★ Dans une poêle, faites revenir l'oignon et l'ail pressé avec l'huile d'olive. Lorsque l'oignon commence à devenir translucide, ajoutez la viande hachée, le coulis de tomates, l'origan et le thym. Salez et poivrez. Faites cuire à feu doux jusqu'à ce que le coulis soit bien absorbé. Réservez dans une assiette.

★ Coupez le filet de poulet en lanières. Saisissez-les à la poêle dans le beurre frémissant en les laissant bien griller. Salez et poivrez.

★ Coupez la tomate en petits dés et les poivrons en lanières. Pelez et écrasez grossièrement l'avocat. Râpez le cheddar. Émincez la salade.

★ Préparez les burritos en plaçant au centre des tortillas un peu de chaque ingrédient. Roulez la tortilla sur elle-même et maintenez l'extrémité avec une pique.

LE BREAKFAST BURRITO

Il n'est pas rare de transporter son petit-déjeuner dans un burrito. Le breakfast burrito contient alors des œufs brouillés, des tomates, des pommes de terre, du chorizo…

D'origine aztèque, le mot « guacamole » est en fait la contraction de *ahuacatl* (avocat) et *molli* (sauce). Particulièrement appréciée des Aztèques, la sauce guacamole a ensuite été adoptée par les conquistadors qui l'ont agrémentée de tomates et d'oignons. Aujourd'hui, c'est un classique de la cuisine tex-mex.

Cette salade est une version moins « moulinée », qui peut se déguster telle quelle en *side dish* ou être servie en dip à l'apéritif. C'est également un parfait accompagnement pour les *fajitas*.

GUACAMOLE SALAD

POUR 4 PERSONNES
PRÉPARATION : 10 MINUTES

4 AVOCATS BIEN MÛRS
2 TOMATES BIEN MÛRES
1 PETIT PIMENT ROUGE OU VERT
(OU QUELQUES GOUTTES DE TABASCO®)
1 OIGNON BLANC
½ BOUQUET DE CORIANDRE FRAÎCHE
LE JUS DE 1 CITRON
SEL, POIVRE

★ Pelez les avocats. Coupez-les en petits cubes.
★ Plongez quelques secondes les tomates dans une casserole d'eau bouillante, puis pelez-les, rafraîchissez-les et ôtez les graines. Coupez la pulpe en petits dés.
★ Coupez le piment dans la longueur, épépinez-le puis hachez-le très finement.
★ Hachez l'oignon blanc et ciselez la coriandre.
★ Dans une jatte, mélangez l'ensemble des ingrédients. Salez, poivrez et arrosez de jus de citron.
★ Dégustez cette salade avec des chips de maïs ou des tortillas.

VARIANTE : SAUCE GUACAMOLE

Pour déguster ce guacamole sous forme de dip, mixez la préparation quelques instants.

La noix de pécan est l'un des rares fruits véritablement originaires des États-Unis et non importés par les conquistadors espagnols. On la trouvait principalement sur le territoire du Texas. Les Indiens l'utilisaient pour enrichir leur soupe ou leur pain. L'origine de la tarte aux noix de pécan remonterait à 1898, année où Hulda Haynes, alors femme de chambre à San Antonio, proposa sa recette au journal local *(Ladies Home Journal)* lors d'un concours. Sa recette fut primée et éditée. Dès lors, la Texas pecan pie devint l'un des classiques de la cuisine américaine.

PECAN PIE

POUR 6 PERSONNES
PRÉPARATION : 20 MINUTES
CUISSON : 1 HEURE

1 ROULEAU DE PÂTE SABLÉE
350 G DE NOIX DE PÉCAN ENTIÈRES
3 ŒUFS
150 G DE MIEL
180 G DE CASSONADE
50 G DE BEURRE FONDU
1 CUILLERÉE À SOUPE D'EXTRAIT
DE VANILLE LIQUIDE

★ Préchauffez le four à 180 °C (th. 6).
★ Garnissez le moule de pâte. Recouvrez la pâte d'une feuille de papier sulfurisé et de haricots secs. Faites cuire la pâte à blanc pendant 15 minutes.
★ Hachez grossièrement la moitié des noix de pécan. Conservez les autres entières.
★ Dans un saladier, battez les œufs avec la cassonade et le miel. Ajoutez le beurre fondu, l'extrait de vanille puis les noix de pécan hachées.
★ Garnissez un moule à tarte de pâte sablée. Versez la préparation par-dessus. Déposez les noix de pécan entières sur le dessus en faisant un dessin.
★ Enfournez et faites cuire 1 heure. Laissez refroidir avant de servir sinon la tarte se tiendra moins bien.

La Floride et la Californie sont des États de la *Sun belt* américaine où furent implantées les premières plantations d'avocats, de maïs, d'oranges, de pamplemousses. Baignés de soleil, recevant dix fois moins de précipitations que le Nord, ils sont aujourd'hui les États les plus chauds et risquent même la désertification.
Ce sont aussi les régions les plus peuplées des États-Unis, bénéficiant des influences sud-américaines ou asiatiques. C'est grâce à ces métissages que les recettes de Floride et de Californie sont si savoureuses !

LES ÉTATS DU SOLEIL : FLORIDE ET CALIFORNIE

Cette soupe de haricots noirs d'influences africaine et hispanique est l'une des soupes préférées de Fidel Castro ! Et c'est pourtant en Floride que l'on en consomme le plus, sans doute en souvenir du beau pays.

BLACK BEAN SOUP

POUR 6 PERSONNES
PRÉPARATION : 20 MINUTES
CUISSON : 1 H 50

450 G DE HARICOTS NOIRS SECS
300 G DE LARD EN TRANCHES
1 PETITE PATATE DOUCE
1 CAROTTE COUPÉE EN DÉS
1 BRANCHE DE CÉLERI ÉMINCÉE FINEMENT
1 AVOCAT PELÉ ET COUPÉ EN TOUT PETITS DÉS
1 POIVRON ROUGE COUPÉ EN TOUT PETITS DÉS
1 OIGNON BLANC DOUX ÉMINCÉ FINEMENT
4 GOUSSES D'AIL HACHÉES
1 PETIT BOUQUET DE CORIANDRE FRAÎCHE
2 FEUILLES DE LAURIER
1 CUILLERÉE À SOUPE DE CUMIN EN POUDRE
1 CUILLERÉE À CAFÉ DE POUDRE DE PIMENT (CHILI)
50 CL DE BOUILLON DE POULE DÉGRAISSÉ
4 CUILLERÉES À SOUPE DE JUS DE CITRON VERT
2 G DE LEVURE CHIMIQUE
4 CUILLERÉES À SOUPE D'HUILE D'OLIVE
SEL, POIVRE

★ Dans une grande marmite, portez 1 litre d'eau à ébullition avec les haricots noirs, les feuilles de laurier, les lardons et la levure chimique. Baissez ensuite le feu et laissez cuire 1 heure 15 environ jusqu'à ce que les haricots soient tendres. Retirez le lard et coupez-le en petits dés. Réservez.

★ Dans une grande sauteuse, faites chauffer l'huile d'olive. Ajoutez les carottes, le céleri, l'oignon et la patate douce. Faites cuire 10 minutes environ en remuant jusqu'à ce que les légumes soient moelleux. Incorporez les épices et l'ail. Continuez la cuisson 5 minutes en remuant bien.

★ Versez les haricots cuits et leur eau de cuisson dans la sauteuse (sans le laurier). Ajoutez le bouillon de poule et les dés de poivron. Faites cuire à petits bouillons pendant 20 minutes.

★ Mixez la moitié de la soupe dans un blender (en plusieurs fois s'il y a trop de volume). Ajoutez le jus de citron vert. Salez, poivrez à votre goût et mélangez.

★ Versez la soupe mixée dans des bols puis ajoutez un peu du mélange de haricots restants. Répartissez les lardons, les dés d'avocat et quelques pluches de coriandre.

VARIANTE

On peut ajouter des œufs durs coupés en fines rondelles ou en petits dés pour faire de cette soupe un véritable repas complet.

Le key lime est une variété de citron poussant principalement dans les Keys de Floride. Vert au départ, il devient jaune une fois bien mûr. Il est plus acide que le citron jaune et plus sucré que le citron vert que nous trouvons facilement en France. Son jus est jaune clair. Pour un goût similaire, il faudra faire un mélange de citrons vert et jaune. L'originalité et la gourmandise de cette tarte viennent évidemment du citron mais aussi de l'utilisation du lait concentré (créé en 1856 par Gail Borden) – bien pratique dans cet État particulièrement chaud et humide où l'on ne vit arriver les premiers moyens de réfrigération et les premiers glaçons qu'en 1930. Le lait concentré compense l'acidité du citron et lui apporte un moelleux délicieux.

KEY LIME PIE

POUR 6 PERSONNES
PRÉPARATION : 20 MINUTES
CUISSON : 35 MINUTES
RÉFRIGÉRATION : 2 H 15

150 G DE BISCUITS SABLÉS
DE TYPE SABLÉS BRETONS, SPRITZ, SHORTBREAD
(OU ÉVIDEMMENT GRAHAM CRACKERS®).
6 ŒUFS
40 G DE SUCRE SEMOULE
40 G DE CASSONADE
60 G DE BEURRE FONDU
50 CL DE LAIT CONCENTRÉ SUCRÉ
2 CUILLERÉES À CAFÉ DE ZESTE DE CITRON VERT
(KEY LIME DE PRÉFÉRENCE)
17 CL DE JUS DE KEY LIME (OU D'UN MÉLANGE
DE JUS DE CITRONS JAUNE ET VERT)

MOULE À TARTE (20-25 CM DE DIAMÈTRE)

★ Préchauffez le four à 180 °C (th. 6).
★ Réduisez les biscuits en poudre grossière à l'aide d'un mixeur. Mélangez avec le beurre fondu et la cassonade. Tapissez le fond et les bords du moule de cette pâte. Placez le moule 15 minutes au réfrigérateur.
★ Faites précuire le fond de tarte 15 minutes au four puis laissez refroidir. Maintenez le four à cette température.
★ Séparez les blancs d'œufs des jaunes. Fouettez les jaunes et le zeste de citron au batteur électrique. Ajoutez peu à peu le lait concentré en continuant de battre pendant 4 à 5 minutes : la préparation doit s'épaissir peu à peu. Diminuez la vitesse du batteur puis ajoutez progressivement le jus de citron. Versez cette crème sur le fond de tarte.
★ Montez les blancs en neige avec le sucre semoule : le mélange doit être particulièrement brillant et meringué. Recouvrez totalement la crème au citron de meringue.
★ Enfournez la tarte et faites cuire 20 minutes.
★ Servez la key lime pie bien froide (placez-la au besoin 2 heures au réfrigérateur).

VARIANTE : KEY LIME PIE À LA CHANTILLY

Certains aficionados de la key lime pie préfèrent la déguster sans meringue. Dans ce cas, recouvrez la crème au citron de chantilly (25 cl de crème liquide très froide battue avec 30 g de sucre glace). Dégustez également bien frais.

On attribue la paternité des California rolls au chef japonais Mashita Ichiro du *Tokio Kaikan Restaurant*, à Los Angeles.

Dans les années 1970, le chef Ichiro détectant le peu d'engouement des Californiens à manger du poisson cru, décida de remplacer les composants traditionnels des makis japonais (thon cru, saumon cru...) par des ingrédients plus facilement acceptables par les Californiens : avocat, concombre, crabe.

Depuis, ces California rolls ont envahi les États-Unis, mais demeurent une bizarrerie pour les Japonais...

CALIFORNIA ROLLS

POUR UNE VINGTAINE DE CALIFORNIA ROLLS
PRÉPARATION : 2 HEURES
CUISSON : 20 MINUTES

4 PLAQUES DE FEUILLES D'ALGUES NORI
300 G DE RIZ ROND MOYEN POUR MAKIS
100 G DE MIETTES DE CRABE (OU DE SURIMI)
½ CONCOMBRE
2 AVOCATS
1 CUILLERÉE À SOUPE DE SUCRE SEMOULE
LE JUS DE 1 CITRON
3 CUILLERÉES À SOUPE DE VINAIGRE DE RIZ
GRAINES DE SÉSAME DORÉ OU NOIR
1 PINCÉE DE SEL
SAUCE WASABI ET SAUCE SOJA POUR
L'ACCOMPAGNEMENT

ROULEAU DE PLIAGE EN BAMBOU, RICE-COOKER
(DE PRÉFÉRENCE)

★ Dans une petite casserole, faites chauffer à feu doux le vinaigre de riz, le sucre et le sel jusqu'à dissolution complète du sucre. Laissez refroidir.

★ Rincez le riz plusieurs fois dans un grand volume d'eau froide jusqu'à ce que l'eau soit parfaitement limpide.

★ Dans un récipient, versez 50 cl d'eau. Ajoutez le riz et laissez-le s'imprégner d'eau pendant 30 minutes. Égouttez-le puis placez-le dans le rice-cooker avec 50 cl d'eau froide et faites cuire 15 minutes. Laissez reposer 15 minutes hors du feu.

★ Sortez le riz du rice-cooker et séparez les grains doucement. Déposez le riz dans un grand plat et aspergez-le de préparation au vinaigre. Laissez bien absorber (attention, le riz ne doit pas être mouillé !)

★ Pelez le concombre et les avocats. Coupez-les en bâtonnets dans la longueur. Arrosez-les de jus de citron.

★ Placez 1 feuille d'algue sur un carré de film alimentaire. Recouvrez-la de riz. Ajoutez quelques graines de sésame. Déposez le rouleau de bambou sur le sésame. Retournez l'ensemble avec précaution pour que le rouleau se retrouve en dessous. Retirez le film alimentaire. Placez au centre du riz des bâtonnets de concombre et d'avocat ainsi qu'un peu de crabe. Roulez le riz sur lui-même en le serrant bien avec le bambou.

★ Découpez le rouleau de riz en 4 ou 5 California rolls. Réalisez ainsi les autres rouleaux.

★ Dégustez bien frais avec de la sauce wasabi et/ou de la sauce soja.

VARIANTE : CALIFORNIA ROLLS VÉGÉTARIENS

Vous pouvez réaliser des California rolls version végétarienne, en remplaçant le crabe par des shiitake ou des champignons de Paris crus.

La salade Cobb est l'invention de Bob Cobb, en 1937, manager du restaurant *The Brown Derby*, à Los Angeles. Elle aurait pu rester inconnue, mais Sid Grauman, promoteur du cinéma *La Pagode* alors très en vogue à l'époque à Los Angeles, l'ayant découverte et adorée, en fit une immense promotion. C'est ainsi que la salade Cobb finit par traverser les États américains et l'Atlantique.

COBB SALAD

POUR 4 PERSONNES
PRÉPARATION : 20 MINUTES
CUISSON : 10 MINUTES

1 LAITUE
2 TOMATES
1 AVOCAT
2 FILETS DE POULET
8 FINES TRANCHES DE POITRINE FUMÉE
2 ŒUFS DURS
100 G DE CHEDDAR
100 G DE ROQUEFORT
QUELQUES BRINS DE CIBOULETTE
30 G DE BEURRE
10 CL DE VINAIGRETTE
SEL, POIVRE

★ Lavez la salade puis coupez-la en lanières. Pelez l'avocat et taillez-le en dés. Rincez les tomates et coupez-les également en dés. Écalez les œufs et coupez-les en rondelles. Réservez tous ces ingrédients au frais.

★ Faites fondre le beurre dans une poêle puis saisissez à feu vif les filets de poulet de chaque côté. Salez et poivrez. Escalopez-les en fines tranches.

★ Dans la même poêle, faites dorer les tranches de poitrine fumée : elles doivent être bien croustillantes. Coupez-les en quatre.

★ Placez les légumes et les œufs dans un saladier. Ajoutez les tranches de poulet et la poitrine fumée. Parsemez de copeaux de cheddar et de ciboulette ciselée.

★ Écrasez grossièrement le roquefort à la fourchette puis mélangez-le à la vinaigrette.

★ Assaisonnez la salade Cobb de sauce au roquefort et dégustez bien frais.

VARIANTE

Vous pouvez agrémenter votre Cobb salad d'un œuf poché ou de petits croûtons bien dorés.

Originaire d'Amérique, l'avocat était cultivé par les Incas du Nord au sud des Andes. Son nom inca est *ahuacatl*, c'est-à-dire testicule, la comparaison portant sur la forme et la couleur extérieure du fruit. À cette époque, l'avocat était donc symbole de virilité, et il était fort recommandé aux hommes d'en manger régulièrement.

En 1518, le conquistador espagnol Martín Fernández de Enciso décrit dans son journal la forme, la taille et la saveur du fruit. Les premiers pieds d'avocat furent plantés par le juge Henry Perinne en Floride en 1833 puis à Los Angeles en 1856. Dès lors commença la production intensive de ce fruit aux États-Unis.

AVOCADO PIE

POUR 6 PERSONNES
PRÉPARATION : 40 MINUTES
CUISSON : 10 MINUTES
RÉFRIGÉRATION : 2 HEURES

6 AVOCATS BIEN MÛRS
20 PALETS BRETONS
50 G DE CASSONADE
25 CL DE CRÈME LIQUIDE TRÈS FROIDE
50 CL DE LAIT CONCENTRÉ SUCRÉ
20 CL DE JUS DE CITRON
50 G DE BEURRE FONDU
2 FEUILLES DE GÉLATINE

MOULE DE 20 À 25 CM DE DIAMÈTRE

★ Préchauffez le four à 180 °C (th. 6).

★ Réduisez les palets bretons en poudre grossière à l'aide d'un mixeur. Mélangez cette poudre avec le beurre fondu et la cassonade. Tapissez le fond et les bords du moule de cette pâte. Placez le moule 15 minutes au réfrigérateur.

★ Lorsque le fond de tarte est bien froid, recouvrez-le d'une feuille de papier sulfurisé puis enfournez pendant 10 minutes. Laissez refroidir.

★ Réhydratez la gélatine dans un bol d'eau froide pendant 5 minutes environ.

★ Pelez les avocats et coupez-les en petits dés.

★ Dans une casserole, faites chauffer le jus de citron jusqu'à ébullition. Ajoutez la gélatine bien essorée et mélangez. Hors du feu, incorporez le lait concentré.

★ Dans un blender, versez la crème au citron et les dés d'avocat. Mixez l'ensemble en purée.

★ Montez la crème liquide refroidie en chantilly bien ferme. Mélangez-la délicatement à la crème d'avocat à l'aide d'une maryse.

★ Nappez le fond de tarte de crème avocat-citron et réservez au réfrigérateur pendant 2 heures. La pâte est friable lorsqu'elle n'est pas assez réfrigérée ; alors, même si vous êtes gourmand, soyez patient et attendez le temps qu'il faut !

Les grands espaces américains : champs de blé à perte de vue, canyons arides émaillés de quelques arbustes, troupeaux de bétail de plusieurs milliers de têtes... Elle existe vraiment cette image de l'Amérique à l'héritage incroyable, et sa cuisine ne se résume pas à quelques recettes! Mais il vous faudra aller sur place pour découvrir la richesse de ces États du Midwest.

LA CUISINE DES GRANDS ESPACES : MONTANA ET NEVADA

★

On doit le nom du T-bone steak à la forme de l'os qui le parcourt, séparant le filet du faux-filet. Aux États-Unis, les *steak houses* sont de véritables institutions – restaurants dédiés à la cuisson et à la dégustation du bœuf.

Il n'est pas rare de voir des quartiers entiers de bœuf suspendus dans les caves des *steak houses* – aux États-Unis, on peut, en effet, affiner la viande dans de bonnes conditions d'aération et de ventilation. En France, on ne trouve le T-bone steak que dans certains restaurants, car il n'est plus commercialisé dans les boucheries depuis décembre 2000.

PIÈCE DE BŒUF FAÇON T-BONE STEAK

POUR 4 PERSONNES
PRÉPARATION : 5 MINUTES
CUISSON : 15 MINUTES

1 PIÈCE DE BŒUF ÉPAISSE
(AU MOINS 2 À 3 CM D'ÉPAISSEUR)
4 GROSSES POMMES DE TERRE À FARCIR
150 G DE PHILADELPHIA CREAM-CHEESE
(OU DE ST MÔRET)
10 CL DE CRÈME LIQUIDE
QUELQUES BRINS DE CIBOULETTE ET DE PERSIL
SEL, POIVRE

★ Faites cuire les pommes de terre en robe des champs dans une casserole d'eau bouillante pendant 15 minutes environ.

★ Pour une cuisson saignante de la pièce de bœuf, saisissez-la sur le gril (ou le barbecue) 5 minutes de chaque côté (en la retournant, veillez à ne pas la piquer trop profondément au risque de faire s'écouler tout le jus de la viande). Salez et poivrez au dernier moment. Enfermez-la dans une feuille d'aluminium et laissez-la reposer pour que le jus se répartisse dans la viande et que la cuisson continue de façon douce.

★ Pour une cuisson à point, préchauffez le four à 180 °C (th. 6). Faites griller la pièce de bœuf au gril (ou au barbecue) 5 minutes de chaque côté, puis continuez la cuisson dans un plat au four pendant 5 minutes. Sortez la viande et laissez-la reposer 5 minutes dans une feuille d'aluminium.

★ Égouttez les pommes de terre et coupez-les en deux.

★ Mélangez le cream-cheese à la crème liquide. Nappez les pommes de terre de ce mélange, salez, poivrez et parsemez d'herbes ciselées.

LA CUISINE DES GRANDS ESPACES

Les anciens disent que l'on vit apparaître les chaussons à la viande dans la ville de Butte, au Montana, en même temps que les premiers chercheurs d'or et les premiers mineurs. Garnis de viande et de légumes, ils représentaient un véritable festin contenu en un seul chausson amoureusement cuisiné par les femmes pour leurs maris partis la journée entière à la recherche d'un trésor tant désiré. À l'époque, les miniers surnommaient les chaussons à la viande *« a letter from home »* (une lettre de la maison).

MONTANA BUTTE PASTY
CHAUSSONS À LA VIANDE DU MONTANA

POUR 4 PERSONNES
PRÉPARATION : 30 MINUTES
CUISSON : 35 MINUTES

500 G DE FILET OU FAUX-FILET DE BŒUF
OU DE FILET DE POULET
COUPÉ EN DÉS
400 G DE PÂTE BRISÉE
4 POMMES DE TERRE
4 CAROTTES
1 BRANCHE DE CÉLERI
1 ŒUF BATTU
1 OIGNON HACHÉ
2 GOUSSES D'AIL ÉMINCÉES
1 CUILLERÉE À SOUPE DE PERSIL HACHÉ
1 CUILLERÉE À SOUPE DE THYM FRAIS
1 CUILLERÉE À SOUPE DE FARINE
1 CUILLERÉE À SOUPE DE CASSONADE
50 G DE BEURRE
2 CUILLERÉES À SOUPE DE SAUCE BARBECUE
20 CL DE BOUILLON DE BŒUF DÉGRAISSÉ
8 CL DE VINAIGRE DE VIN ROUGE
10 CL DE BIÈRE (FACULTATIF)

★ Pelez les carottes et les pommes de terre puis coupez-les en rondelles.
★ Émincez finement le céleri.
★ Roulez les dés de viande dans la farine.
★ Faites fondre le beurre dans une casserole puis faites dorer l'oignon et l'ail. Ajoutez la viande et laissez-la colorer de chaque côté. Baissez le feu, ajoutez le vinaigre, la cassonade, les légumes, les herbes et le bouillon. Laissez mijoter 20 minutes environ.
★ En fin de cuisson, incorporez la bière et la sauce barbecue dans la casserole. Mélangez bien et laissez réduire jusqu'à ce que la sauce épaississe.

★ Préchauffez le four à 180 °C (th. 6).
★ Étalez la pâte brisée et coupez-la en 4 rectangles de 15 sur 10 cm.
★ Répartissez la garniture de viande et légumes sur un côté des rectangles. Mouillez les bords d'un peu d'eau tiède à l'aide d'un pinceau. Repliez la pâte sur elle-même et pincez les contours pour faire bien adhérer la pâte. Badigeonnez les chaussons d'œuf battu puis faites deux petites incisions sur le dessus à la pointe du couteau.
★ Enfournez et laissez cuire 10 à 12 minutes.

CHAUSSONS AUX POMMES ET À LA CANNELLE

Dans une casserole, faites cuire à feu doux 4 grosses pommes juteuses, pelées et coupées en cubes, pendant 15 minutes environ avec 1 cuillerée à café de cannelle en poudre, 2 cuillerées à soupe d'eau et quelques raisins secs. Lorsque les pommes sont moelleuses, répartissez-les sur des cercles de pâte brisée ou feuilletée. Rabattez les bords et scellez-les bien à l'eau tiède.

L'origine du hamburger remonterait aux années 1880-1890. De nombreuses personnes revendiquent la paternité du hamburger, notamment Frank et Charles Menches, négociants originaires de l'Ohio, parcourant les foires commerciales à travers le pays. Lors de celle de Hamburg (État de New York), les deux frères, en manque de saucisson pour leurs sandwichs quotidiens, commandèrent au boucher local des boulettes de viande hachée à faire griller. Après les avoir assaisonnés avec des ingrédients restés secrets, ils dégustèrent ces steaks de viande hachée entre deux petits pains moelleux. En hommage à l'origine géographique de cette recette, ils les nommèrent hamburgers.

Mais d'autres inventeurs, Oscar Billy de l'Oklahoma ou Charlie Nagreen du Wisconsin, entre autres, ont une tout autre version de la naissance du hamburger !

HAMBURGERS MAISON

Pour 6 hamburgers
Préparation : 10 minutes
Cuisson : 5 minutes

6 pains ronds moelleux
600 g de steak haché
6 tranches de lard
2 tomates
6 petites feuilles de laitue
Quelques pickles de concombre
1 oignon blanc
6 tranches fines de cheddar
Sauce ketchup
Moutarde américaine (ou Savora®)
Sel, poivre

★ Coupez les petits pains en deux.
★ Faites cuire les steaks hachés au gril quelques minutes de chaque côté : ils doivent rester tendres.
★ Faites griller les tranches de lard.
★ Coupez les tomates en fines rondelles. Pelez et tranchez finement l'oignon blanc.
★ Nappez de moutarde le pain du dessous. Déposez la viande grillée puis recouvrez d'1 tranche de cheddar. Ajoutez 1 tranche de lard, la tomate, la laitue, l'oignon et les pickles. Arrosez de ketchup et placez le petit pain du dessus.
★ Dégustez votre hamburger accompagné de frites et de coleslaw.

ACCOMPAGNEMENT : COLESLAW

Pour 6 personnes
Préparation : 10 minutes

500 g de chou blanc râpé
1 carotte râpée
100 g de mayonnaise
1 cuillerée à soupe de raisins secs blonds
2 cuillerées à soupe de vinaigre blanc
2 cuillerées à soupe d'huile neutre
½ cuillerée à café de sel de céleri
1 pincée de poivre
1 cuillerée à soupe de sucre semoule

★ Mélangez la mayonnaise avec l'huile, le vinaigre, le sucre, le sel de céleri et le poivre.
★ Dans un saladier, rassemblez le chou, la carotte et les raisins secs. Arrosez de sauce. Laissez les légumes s'imprégner puis réservez au frais jusqu'au moment de servir.

Le nom Hopis vient du langage utilisé par la tribu elle-même pour se définir : *Hopitu Shu-nu-mu* (le peuple de la paix). La tribu Hopis est présente dans le nord-est de l'Arizona depuis un millénaire : le village Hopis de Old Oraibi aurait été fondé en 1050 ; il faisait partie des 9 villages Hopis que les Espagnols rencontrèrent à leur arrivée sur le sol américain.

RAGOÛT À LA VIANDE SÉCHÉE
DE LA TRIBU HOPIS

POUR 4 PERSONNES
PRÉPARATION : 20 MINUTES
CUISSON : 1 HEURE

500 G DE VIANDE SÉCHÉE
(DES GRISONS PAR EXEMPLE)
COUPÉE EN CUBES DE 1 CM DE CÔTÉ
2 POMMES DE TERRE
3 CAROTTES
2 NAVETS JAUNES (OU RUTABAGAS)
1 BRANCHE DE CÉLERI ÉMINCÉE
1 PIMENT VERT ÉPÉPINÉ ET ÉMINCÉ FINEMENT
1 OIGNON HACHÉ
1 CUILLERÉE À SOUPE D'ORIGAN SÉCHÉ
1 CUILLERÉE À CAFÉ DE THYM
50 G DE FARINE
10 CL D'HUILE
SEL, POIVRE

★ Pelez les pommes de terre et les navets puis coupez-les en dés de 1 cm.
★ Pelez et émincez les carottes.
★ Roulez les dés de viande séchée dans la farine.
★ Dans une cocotte, faites chauffer l'huile puis faites dorer la viande de tous côtés.
★ Ajoutez le céleri, l'oignon et le piment. Laissez cuire à feu doux jusqu'à ce que l'oignon devienne translucide.
★ Ajoutez dans la cocotte 50 cl d'eau, le thym et l'origan. Portez à ébullition puis faites cuire à petits bouillons pendant 30 minutes environ jusqu'à ce que la viande se ramollisse.
★ Ajoutez les légumes et continuez la cuisson 30 minutes afin qu'ils soient bien moelleux. Salez et poivrez.
★ Dégustez le ragoût bien chaud avec des petits pains de maïs aux pommes sauvages.

LES PETITS PAINS DE MAÏS AUX POMMES SAUVAGES

★ Mélangez 2 cuillerées à soupe de margarine avec 60 g de sucre semoule. Ajoutez 2 œufs battus puis 250 g de farine de maïs, ½ sachet de levure chimique, ½ cuillerée à café de sel, 25 cl de lait, 25 cl de crème liquide et 200 g de pommes sauvages pelées, épépinées et râpées. Mélangez bien le tout puis répartissez dans des moules à financiers.
★ Faites cuire 20 minutes au four à 180 °C (th. 6). Dégustez ces petits pains nature ou avec du miel.

Les Navajos sont principalement présents dans l'État de l'Arizona, la grande réserve navajo comptant près de 175 000 individus.

C'est en 1864 que les Navajos ont été contraints par l'armée américaine de quitter le sud-ouest de l'État pour rejoindre l'ouest de l'Arizona, abandonnant ainsi leurs terres fertiles aux nouveaux migrants anglo-saxons. Durant cette déportation, appelée la Longue Marche, les Navajos ne purent se nourrir que de pain – nombre d'entre eux moururent de faim. Depuis cette période, le pain frit des Navajos, recette particulièrement simple et pauvre, est devenu le symbole de la lutte de ce peuple.

NAVAJO FRIED BREAD
(PAIN FRIT DE LA TRIBU DES NAVAJOS)

Pour 4 pains frits
Préparation : 10 minutes
Cuisson : 20 minutes

120 g de farine de blé
1 cuillerée à café de levure chimique
1 cuillerée à café de lait en poudre
1 pincée de sel fin
Gros sel ou sucre semoule
Huile pour la friture

★ Dans un bol, mélangez la farine, le sel fin, le lait en poudre et la levure chimique. Ajoutez petit à petit 12 cl d'eau : vous obtiendrez une pâte un peu collante.

★ Farinez vos mains et prélevez un quart de la pâte. Formez une boule que vous étalerez petit à petit entre vos mains en passant la boule d'une main à l'autre. Répétez l'opération jusqu'à l'obtention d'une crêpe épaisse, d'un diamètre plus grand que celui de vos mains. Façonnez ainsi 3 autres crêpes.

★ Faites chauffer une poêle contenant 1 cm d'huile. Lorsqu'elle est bien chaude (faites le test avec un petit morceau de pâte), plongez un pain dans l'huile jusqu'à ce que des bulles apparaissent à la surface. Retournez-le et laissez-le dorer (4 à 5 minutes au total). Faites de même avec les autres pains.

★ Égouttez les pains sur du papier absorbant pour retirer l'excédent de gras. Saupoudrez de gros sel ou de sucre et dégustez bien chaud.

VARIANTE : NAVAJO TACOS

C'est un pain frit navajo agrémenté de la garniture des tacos mexicains : viande hachée grillée et assaisonnée de paprika, laitue émincée, cheddar, rondelles de tomate ou d'œuf (avec éventuellement des oignons émincés ou du piment). Le navajo tacos se consomme roulé sur lui-même comme un burrito ou à plat comme les tacos mexicains. C'est un classique des *pow-wow* (rassemblements festifs) des natifs américains.

Les Américains ayant peu de jours de congés (5 jours par an), les fêtes sont l'occasion de se retrouver en famille et de déguster de bons petits plats. Halloween est considérée comme la fête des enfants, Thanksgiving celle de la famille, tout comme Noël.

Mais il est une fête que les Américains célèbrent tous : le 4 Juillet, jour de l'indépendance américaine. Pour l'occasion, la maison est parée du drapeau national et la famille est réunie pour le barbecue traditionnel avec des gâteaux aux couleurs du drapeau américain étoilé !

LA CUISINE DE FÊTE : HALLOWEEN, THANKSGIVING ET NOËL

★

L'histoire raconte que les natifs américains offrirent des potirons en guise de remontant aux premiers migrants juste après l'hiver particulièrement rude de 1621. Lors de cette période, près de la moitié des migrants furent décimés ou souffraient de mal-nutrition.

De prime abord peu convaincus par le goût du potiron, les migrants reconnurent rapidement la qualité nutritionnelle du fruit et son effet bénéfique sur la santé.

C'est en 1796 que l'on voit apparaître la première recette de tarte au potiron dans un livre de recettes américain, le *American Cookery* d'Amelia Simmons.

PUMPKIN PIE

POUR 8 PERSONNES
PRÉPARATION : 15 MINUTES
CUISSON : 45 MINUTES

500 G DE POTIRON CUIT À LA VAPEUR ET BIEN ÉGOUTTÉ
1 PÂTE BRISÉE
3 GROS ŒUFS
225 G DE SUCRE SEMOULE
1 CUILLERÉE À CAFÉ DE CANNELLE EN POUDRE
1 CUILLERÉE À CAFÉ DE MUSCADE EN POUDRE
1 CUILLERÉE À CAFÉ DE QUATRE-ÉPICES
100 G DE BEURRE FONDU
1 PINCÉE DE SEL

★ Préchauffez le four à 180 °C (th. 6).

★ Garnissez le moule de pâte. Recouvrez la pâte d'une feuille de papier sulfurisé et de haricots secs. Faites cuire la pâte à blanc pendant 15 minutes.

★ Réduisez le potiron en purée (au mixeur ou au presse-purée).

★ Dans une jatte, battez les œufs avec 150 g de sucre, le sel et les épices. Ajoutez la moitié du beurre fondu puis la purée de potiron : le mélange doit être bien homogène.

★ Étalez la pâte brisée dans un moule à tarte. Garnissez-le de préparation au potiron. Saupoudrez du reste de sucre et versez l'autre moitié de beurre fondu.

★ Enfournez et faites cuire 45 minutes environ : le dessus de la tarte doit être légèrement caramélisé.

La fête familiale américaine la plus importante est Thanksgiving. L'ensemble de la famille se retrouve pour célébrer ce jour de 1621 où les colons britanniques, récemment débarqués du *Mayflower*, remercièrent une tribu de natifs américains de les avoir sauvés d'une mort certaine en leur apprenant à chasser les oiseaux sauvages et à cultiver le maïs. Les Britanniques leur offrirent en remerciement un grand banquet où furent servies des volailles, notamment des dindes. Depuis, le jour de Thanksgiving est férié, en mémoire de ces actes de générosité réciproque.

THANKSGIVING TURKEY
DINDE DE THANKSGIVING

PRÉPARATION : 30 MINUTES
CUISSON : 25 MINUTES PAR 500 G POUR
UNE DINDE JUSQU'À 3 KG ; 20 MINUTES
PAR 500 G POUR UNE DINDE DE 3 À 8 KG ;
15 MINUTES PAR 500 G POUR UNE DINDE
DE PLUS DE 8 KG

1 DINDE VIDÉE AVEC LE FOIE
(500 G PAR PERSONNE POUR UNE DINDE
DE MOINS DE 5 KG ; POUR LES DINDES PLUS
GROSSES, 400 G PAR PERSONNE)
100 G DE BEURRE
SEL, POIVRE

POUR LA FARCE :
LE FOIE DE LA DINDE
400 G DE CHAIR À SAUCISSE
100 G DE CHAMPIGNONS DE PARIS EN BOÎTE
100 G DE MARRONS EN BOÎTE
100 G DE MIE DE PAIN
1 ŒUF
1 BOUQUET DE PERSIL PLAT
SEL, POIVRE

★ Préchauffez le four à 230 °C (th. 7-8).
★ Préparez la farce : rincez le persil et mixez-le grossièrement avec le foie de la dinde, la chair à saucisse, la mie de pain, les marrons, l'œuf et les champignons. Salez et poivrez. Réservez la farce à température ambiante le temps de préparer la dinde.

★ Placez la dinde évidée dans un grand plat à rôtir. Salez, poivrez et beurrez généreusement sur tous les côtés.
★ Farcissez la dinde puis bridez-la pour refermer autant que possible la cavité. Recouvrez la farce d'un peu d'aluminium si elle est encore visible. Ficelez également les pattes pour qu'elles soient bien collées au corps.
★ Enfournez la dinde et baissez la température à 160°C (th. 5-6). Laissez cuire 30 minutes puis arrosez-la toutes les 15 minutes avec le jus de cuisson.
Pour vous assurer de la cuisson, piquez la dinde entre la cuisse et le blanc : le jus qui s'en écoule ne doit plus être rosé mais blanc.
★ Sortez la dinde et laissez-la reposer 15 minutes sous un papier d'aluminium pour que le jus se répartisse bien dans la viande.

LES ACCOMPAGNEMENTS DE LA DINDE

500 G DE MARRONS EN BOÎTE
250 G DE GELÉE DE CRANBERRY EN BOÎTE
(DANS LES ÉPICERIES AMÉRICAINES
OU SUR INTERNET)

★ Lors de la dernière demi-heure de cuisson de la dinde, ajoutez les marrons dans le plat et arrosez-les de jus.
★ Découpez la gelée de cranberry en tranches de 1 cm environ (ne la faites pas cuire, elle se dégustera froide).

Ce gâteau est servi pendant les périodes de fêtes, particulièrement à Noël et pour la fête des Mères, car on l'assimile volontiers à la nourriture des anges pour sa texture légère et vaporeuse.

Sa création remonte vraisemblablement à la fin du XIXᵉ siècle, parallèlement à celle du fouet mécanique. En effet, le fouet est indispensable pour obtenir des blancs mousseux et aérés qui donnent sa texture au gâteau.

L'angel food cake se fait cuire dans le *tube pan*, un moule très haut (15 cm environ) avec un trou au milieu. Il est traditionnellement recommandé de le retourner sur une bouteille après cuisson pour qu'il refroidisse avant de le démouler, en passant un couteau entre le gâteau et le moule. Si vous ne trouvez pas de *tube pan*, utilisez un moule à kouglof.

ANGEL FOOD CAKE GÂTEAU DES ANGES

POUR 8 PERSONNES
PRÉPARATION : 20 MINUTES
CUISSON : 1 HEURE
REPOS : 2 HEURES

10 BLANCS D'ŒUFS À TEMPÉRATURE AMBIANTE
90 G DE FARINE
270 G DE SUCRE SEMOULE
30 G DE MAÏZENA®
1 CUILLERÉE À CAFÉ DE CRÈME DE TARTRE
1 CUILLERÉE À CAFÉ D'EXTRAIT D'AMANDE AMÈRE
1 CUILLERÉE À CAFÉ D'EXTRAIT DE VANILLE LIQUIDE
50 G D'AMANDES EFFILÉES
½ CUILLERÉE À CAFÉ DE SEL
BEURRE POUR LE MOULE

★ Préchauffez le four à 170 °C (th. 5-6). Beurrez le moule.
★ Tamisez la farine avec la Maïzena®.
★ Fouettez les blancs en neige avec la crème de tartre et le sel. Lorsqu'ils commencent à monter, ajoutez petit à petit le sucre en pluie, puis l'amande amère et la vanille : la meringue obtenue doit être ferme et brillante.
★ À l'aide d'une maryse, incorporez délicatement à la meringue le mélange farine-Maïzena® en soulevant bien la pâte pour conserver son volume.
★ Parsemez le fond du moule d'amandes effilées puis versez la pâte par-dessus.
★ Enfournez et faites cuire pendant 1 heure.
★ Laissez refroidir 2 heures à l'envers puis démoulez en passant un couteau fin sur les parois du moule. Renversez sur un plat.

VARIANTE : ANGEL FOOD CAKE AU CITRON

Vous pouvez remplacer l'extrait d'amande amère par la même quantité d'extrait de citron. Dans ce cas, ne mettez pas d'amandes effilées dans le fond du moule, mais arrosez le gâteau d'un glaçage fait avec du sucre glace, du jus de citron et un peu d'eau. Laissez prendre au réfrigérateur puis dégustez bien frais.

GINGERBREAD MEN BONSHOMMES EN PAIN D'ÉPICES

Pour 6 gingerbread men
Préparation : 25 minutes
Cuisson : 10 minutes
Réfrigération : 30 minutes

400 g de farine
170 g de sucre semoule
100 g de beurre pommade
1 œuf
50 g de miel de sapin (ou autre miel foncé)
1 cuillerée à café de levure chimique
1 cuillerée à café de gingembre en poudre
1 cuillerée à café de cannelle en poudre
½ cuillerée à café de muscade en poudre
Le jus de ½ orange
½ cuillerée à café de sel
12 grains de raisins secs

Pour le glaçage :
2 cuillerées à soupe de sucre glace
Quelques gouttes de blanc d'œuf
Quelques gouttes de jus de citron

Emporte-pièce en forme de bonhomme
de 10 cm environ

★ Tamisez la farine avec la levure chimique, le sel et les épices.

★ Dans une jatte, mélangez le beurre pommade et le sucre. Ajoutez l'œuf battu puis le jus d'orange et le miel. Incorporez le mélange à base de farine : la pâte doit être bien homogène. Laissez-la refroidir 30 minutes au réfrigérateur.

★ Préchauffez le four à 180 °C (th. 6).

★ Étalez la pâte sur un plan de travail, puis découpez les bonshommes à l'aide de l'emporte-pièce. Placez-les sur une plaque de cuisson recouverte de papier sulfurisé. Piquez 2 raisins pour figurer les yeux.

★ Enfournez et faites cuire 10 minutes. Laissez refroidir.

★ Mélangez le sucre glace, le blanc d'œuf et le citron : la texture doit être celle d'un dentifrice un peu liquide.

★ À l'aide d'un petit cornet réalisé avec du papier sulfurisé, faites le pourtour du bonhomme en faisant figurer la chemise, le pantalon… Laissez sécher avant de déguster.

INDEX

LES BONNES ADRESSES OÙ DÉGUSTER ET ACHETER LES PRODUITS DES ÉTATS-UNIS

RESTAURANTS

★ BAGEL TOM
12, rue Volta, 75003 Paris
Tél. : 01 42 74 49 92
www.bageltom.com
Ouvert du lundi au samedi, de 11 h à 22 h.
Pour l'accueil sympathique de Tom et les délicieux
bagels, les moelleux doughnuts et les produits
importés directement des États-Unis
(cream-cheese, BBQ sauce et piment…).

★ BREAKFAST IN AMERICA
4, rue Mahler, 75004 Paris
Tél. : 01 42 72 40 21
Ouvert 7 jours sur 7, de 8 h 30 à 21 h.
Pour les merveilleux « breakfasts made in America »
avec œufs au bacon, les mug'O joe (le café long,
très long), les pancakes au sirop d'érable !

★ DOG'S
65, rue Saint-Denis, 75001 Paris
Tél. : 01 42 21 37 24
Pour les meilleurs « chiens chauds » en ville
et l'ambiance *diner* incomparable !

★ FLOORS
106, rue Myrha, 75018 Paris
Tél. : 01 42 62 08 08
Ouvert du mardi au dimanche,
de 11 h 30 à 1 h du matin.
Pour les hamburgers maison au bœuf, au canard
ou végétariens servis de frites et de salade,
et évidemment aussi pour les cheesecakes !
Et l'impression d'être dans l'Iron Building
version 4 étages… !

★ JOE ALLEN PARIS
30, rue Pierre-Lescot, 75001 Paris
Tél. : 01 42 36 70 13
Ouvert tous les jours de 12 h à 1 h du matin.
Menu à découvrir sur www.joeallenparis.com
Pour les NY strips et autres morceaux de viande
de premier choix cuisinés comme dans les meilleures
steak-houses. Mais aussi pour les cocktails
et l'ambiance « made in USA », les soirs de fêtes
traditionnelles américaines : 4 Juillet, Halloween,
Thanksgiving.

★ THANKSGIVING
20, rue Saint Paul, 75004 Paris
Tél. : 01 42 77 68 29
Ouvert les week-ends pour les brunchs de 11 h à
18 h 30. La boutique est ouverte du lundi au samedi.
Pour les spécialités créoles et le brunch cajun, venus
tout droit de Louisiane avec jumbalaya et gumbo.

ÉPICERIES

★ BAGEL TOM
12, rue Volta, 75003 Paris
Tél. : 01 42 74 49 92
www.bageltom.com
Ouvert du lundi au samedi, de 11 h à 22 h.
Pour les sauces diverses, le Philadelphia cream-cheese
et les bières typiques.

★ THANKSGIVING
20, rue Saint-Paul, 75004 Paris
La boutique est ouverte du mardi au dimanche
et propose tous les produits américains, particulièrement
ceux de Louisiane et des États du Sud : mix pour gumbo,
jambalaya, etc.

★ LA GRANDE ÉPICERIE DU BON MARCHÉ
38, rue de Sèvres, 75007 Paris
Tél. : 01 44 39 81 00

★ L'ÉPICERIE ANGLAISE
5, cité Wauxhall, 75010 Paris
Tél. : 01 42 00 36 20
ou www.epicerie-anglaise.com
Cette épicerie propose la plupart des produits typiques
anglo-saxons.

MOBILIER ET DÉCORATION

★ LA CABANE DE L'OURS
23, rue Saint-Paul, village Saint-Paul, 75004 Paris
Tél. : 01 42 71 01 49 ou www.lacabanedelours.com
Ouvert du jeudi au lundi, de 12 h à 19 h.
Pour ses meubles et tapis navajos, sa vaisselle
Pendleton, ses crânes et ex-voto mexicains.
Et surtout pour la passion des peuples d'Amérique
que parvient à transmettre la propriétaire des lieux.

BIBLIOGRAPHIE

Les ouvrages suivants « made in USA » et en langue anglaise m'ont inspirée et donné à mieux connaître encore la cuisine des États-Unis. Voici mes principales sources bibliographiques :

The Food of a Younger Land de Mark Kurlanski, Éditions Riverhead Books. L'auteur retrace l'histoire de la cuisine américaine avant l'arrivée de la puissante industrie agroalimentaire.

Cooking USA, Éditions Chronicle Books de San Francisco. Une recette par État : une jolie façon de voyager et découvrir l'Amérique dans un traité fifties très rigolo.

Real American Food de Burt Wolf, Éditions Rizzoli.
Un livre qui s'attarde sur les recettes régionales américaines, avec les meilleures adresses de restaurants où les déguster.

SITES INTERNET AMÉRICAINS DE RÉFÉRENCE POUR DÉCOUVRIR LA CUISINE DES ÉTATS-UNIS :

whatscookingamerica.net
Un site incroyable où Linda Stradley et son équipe recensent des recettes américaines, anecdotes, tours de main... Si vous souhaitez réaliser le parfait glaçage des gâteaux de fêtes « made in USA », allez visiter son site. Certaines des anecdotes historiques mentionnées sur le site ont nourri ce livre.

www.soulfoodandsoutherncooking.com
Un site dédié à la cuisine afro-américaine avec des recettes typiques des États du Sud mais aussi des recettes créoles et cajuns.

Les sites Internet des cinquante États proposent bien souvent des recettes typiques de leurs régions. N'hésitez pas à les consulter, ils sont généralement très bien faits.

TABLEAUX D'ÉQUIVALENCES

MESURES LIQUIDES

Les mesures de liquides pour les recettes se font en volume comme en France, mais on utilise principalement la tasse (cup) comme référence ainsi que les systèmes de cuillères (à thé, à soupe). Pour réaliser des recettes pur jus US, il est utile d'avoir une tasse et un jeu de cuillères de mesure (en vente généralement dans les épiceries de produits américains).

1/8 tea spoon	1/2 ml	
1/4 tea spoon	1 ml	
1/2 tea spoon	3 ml	
1/4 table spoon	4 ml	
1 tea spoon	5 ml	
1/2 table spoon	8 ml	
1 table spoon	15 ml	
1/8 cup	35 ml	1 oz
1/4 cup ou 1/4 grand verre	65 ml	2 oz
1/3 cup	85 ml	
3/8 cup	95 ml	3 oz
1/2 cup ou 1/2 grand verre	125 ml	4 oz
5/8 cup	160 ml	
2/3 cup	170 ml	
3/4 tasse ou 3/4 grand verre	190 ml	6 oz
7/8 cup	220 ml	7 oz
1 cup ou 1 grand verre	250 ml	8 oz
2 cups ou 1 pinte	500 ml	
4 cups ou 2 pintes	1 litre	
32 cups ou 16 pintes ou 1 gallon	4 litres	

1 TEA SPOON :
1 cuillère à thé = 1 cuillère à café française
1 TABLE SPOON :
1 cuillère à table = 1 cuillère à soupe française
1 CUP : 1 tasse française
1 OZ : 1 once = 35 ml ou 30 g

MESURES SOLIDES

Contrairement au système français qui utilise le poids (plus exactement la masse en grammes ou kilos) dans les recettes, le système américain utilise le volume aussi bien pour les solides que pour les liquides. Ce qui est parfois un peu difficile lorsqu'on veut déchiffrer une recette pur jus US. Car, si une tasse de sucre glace et une tasse de riz ont le même volume, elles n'ont pas du tout la même masse...
Voici quelques aides pour vous y retrouver.

Farine	1 table spoon	8 g
	1 cup	115 g
Sucre semoule	1 table spoon	15 g
	1 cup	225 g
Sucre glace	1 table spoon	9 g
	1 cup	150 g
Cassonade	1 table spoon	12 g
	1 cup	200 g
Cacao en poudre	1 table spoon	8 g
	1 cup	110 g
Beurre / margarine	1 table spoon	15 g
	1 cup	225 g
Amandes effilées	1 table spoon	5 g
	1 cup	80 g
Amandes entières	1 table spoon	10 g
	1 cup	170 g
Noix de coco râpée	1 table spoon	5 g
	1 cup	75 g
Riz	1 table spoon	12 g
	1 cup	210 g

LE POIDS OU LA MASSE

se mesure en oz (once) et en pound (lbs-livre). Voici les équivalences avec le système français.

15 g	1/2 oz	
30 g	1 oz	
55 g	1/8 lbs	2 oz
115 g	1/4 lbs	4 oz
170 g	3/8 lbs	6 oz
225 g	1/2 lbs	8 oz
285 g	5/8 lbs	
340 g	3/4 lbs	
400 g	7/8 lbs	
454 g	1 lbs	16 oz
1 kg	2,2 lbs	

CHALEUR DU FOUR ET THERMOSTAT

CHALEUR	° CELSIUS	THERMOSTAT	° FAHRENHEIT
Très doux	70° C	Th. 2-3	150° F
Doux	100° C	Th. 3-4	200° F
	120° C	Th. 4	250° F
Moyen	150° C	Th. 5	300° F
	180° C	Th. 6	350° F
Chaud	200 ° C	Th. 6-7	400° F
	230° C	Th. 7-8	450° F
Très chaud	260° C	Th. 8-9	500° F

Remerciements

*Je remercie Stephen et sa famille, les Boudreau
de Bedford, en Pennsylvanie, et plus particulièrement
Lydia et Bob qui m'ont accueillie et m'ont permis
de découvrir les bonnes recettes familiales américaines.
Grâce à eux, je me suis rendu compte qu'au-delà
des préjugés… : Yes, they cook !*

*Je remercie également mes amis Flo et Raul pour leur
accueil à Hell's Kitchen, la bien nommée. Grâce à eux,
j'ai pu arpenter les marchés aux puces de New York
et faire de mon voyage une découverte de la Big Pomme
version cuisine.*

*Je remercie Bianca et sa Auntie, pour la recette de bagel…
Même moi, je peux y arriver !*

*Un grand merci à Graeme Bent, manager du restaurant
Joe Allen Paris, pour l'accueil chaleureux et grande
classe, et au barman Rémi Beaublat pour sa passion
du métier.*

*Merci à Cyril Anguelidis pour sa très belle affiche
Obama. Découvrez ses œuvres sur son site :
www.anguelidis.com*

*Je remercie également Barbara et Adèle des Éditions
Mango pour leur confiance immédiate en ce projet
et pour toute leur énergie à le mener à bien !*

YES
WE
COOK

Mango une marque de Fleurus Éditions
www.fleuruseditions.com

Crédits photos : pages 68-69 ; 78-79 ; 86-87 ; 108-109 ;
120-121 : © photo Laurent Grandadam / hemis.fr ;
pages 54-55 ; 96-97 : © photo Sylvain Grandadam / hemis.fr
Portrait Obama : pages 40-41 : © Cyril Anguelidis

Édition : Barbara Sabatier et Adèle Vay
Fabrication : Thierry Dubus et Florence Bellot
Relecture : Armelle et Bernard Heron

N° d'édition : M10176
ISBN : 9782842709228
Code MDS : 73656
Photogravure : Alliage
Achevé d'imprimer en août 2010
par Graficas Estella – Espagne
Dépôt légal : janvier 2010
Édition N°2